BAR EXAM WIKI

변호사 시험 위키

프롤로그
변호사시험위키

"어두운 산길을 불 없이 정상에 다다르는 길"

저는 변호사시험을 이렇게 표현하고 싶습니다. 처음 법학전문대학원에 입학하여 법에 대해서는 아무것도 모르고 시작했었습니다. 마치 앞이 보이지 않지만 막연히 합격을 향해 무작정 공부만 했지요. 처음 입학해서 형법 기초강의를 듣는다는 것을 잘 모르고 3학년 최종 정리강의를 구매해서 들었던 시절도 있었고... 그러나 선배들의 조언을 바탕으로 저만의 방법을 고민하던 중 요행히 "아 이렇게 하면 되겠다"는 생각이 들었고, 다행히 한 번에 변호사시험에 합격하게 되었습니다.

2012년 제1회 변호사시험이 시행된 이래 2023년을 기준으로 벌서 12번의 변호사시험이 치러졌지요. 누구는 합격의 기쁨을, 어떤 누구는 불합격의 고배를 마시기도 했구요. 그럼 떨어진 사람은 공부를 안 해서 떨어진걸까? 라는 생각이 들기 마련입니다. 물론 공부를 안 해서 떨어진 사람도 있겠지만, '수험적합성'과 거리가 먼 공부를 열심히 하는 바람에 계속 안되는 사람도 분명히 있을 것입니다.

다시 돌아와서, 제가 생각하는 변호사시험의 합격 요건은 세가지가 있습니다. 『능력(머리)』과 『공부방법』, 그리고 『공부시간』입니다. 이 세가지가 갖춰지지 못한다면 변호사시험에 합격하기 어렵다고 생각합니다. 이중 가장 중요한 것은 『공부방법』입니다. 대부분의 수험생은 나머지 두 요건에 대해서는 크게 문제되지 않겠지요. 다만 누구는 변호사시험을 준비하는 과정에서 누가 알려주었던지 자신이 터득했던지 『공부방법』을 깨닫고 합격의 길을 가는 반면 다른 누구는 그걸 깨닫지 못하고 계속 불합격하게 됩니다. 그러한 사람들을 보아오면서 누군가 『공부방법』을 깨닫게 해주면 합격의 길을 갈 수 있지 않을까? 라는 생각이 들어 이 책을 쓰게 되었습니다.

변호사시험 합격이라는 정상에 도달하는 길을 분명히 여러 가지가 있을 거에요. 저는 그 길을 모두 알지는 못하고, 또 공부를 매우 잘했던 사람도 아니었습니다. 다만 제가 지나간 길을 소개정도는 할 수 있을 거라고 생각합니다.

이 책을 진지하게 읽지는 않아주셨으면 합니다. 그냥 『핸드북』처럼 가까운 곳에 두고 심심할 때마다 한 번씩 읽어보면서 '아 이 사람은 이렇게 공부했었구나' 정도로 참고하면서 각자 본인만의 공부방법을 고민해보세요. 그러다 보면 자신만의 『공부방법』을 찾게 될 것입니다.

또한 책에서 대략적이나마 법학전문대학원 생활이 어떤지 간접적으로라도 느낄 수 있도록 개인적인 경험이나 사례도 좀 다루었습니다. 한번 본인들의 경험에 비추어 재미있게 읽어주셨으면 합니다.

이 책이 나오기까지 많은 분께서 도움을 주셨습니다. 책 내용에 대한 검토를 도와준 동료 법무관들부터 마지막 의약품 부분에 도움을 준 약대 동기들까지 많은 분들이 도움을 주셨습니다. 그중에서도 특히 책 특성상 타 출판사의 책에 대한 설명이 나올 수밖에 없는데도 이를 허락해주신 학연출판사 대표이자 형법박사인 이인규 대표님을 비롯하여 모두에게 감사를 드립니다.

2023년 봄
공군 제17전투비행단 법무실에서

들어가기 앞서
변 호 사 시 험 위 키

여러분들이 책을 읽기 전에 먼저 이 책에 대한 소개를 하고 싶습니다. 이 책은 이공계로 살아왔던 저자가 법학전문대학원에 들어가서 한 여러 고민들에 대한 나름의 해답을 소개하는 장입니다. 따라서 다소 개인적인 생각을 소개하는 경우도 있습니다. 그래서 프롤로그에서 말한 것처럼 가벼운 마음으로 가볍게 읽어 주셨으면 합니다.

먼저 파트 1은 사실 그렇게 중요한 부분은 아닙니다. 법학전문대학원을 다니면서 자연스럽게 알게 될 부분이기에 말 그대로 사실상 부록같은 파트이기도 합니다. 그래도 법을 공부하는 입장에서 적어도 이 정도는 알고 시작해야 하지 않겠냐 하는 생각으로 쓰게 되었습니다. 사실상 있는 사실 그대로를 전달하는 것이라 내용 자체가 재미가 없습니다. 그래서 이 부분은 과감하게 스킵하셔도 됩니다.

파트 2의 경우 본격적으로 공부법에 대한 소개를 하고 있습니다. 공부를 처음 시작함에 있어서 반드시 알고 시작해야 하는 내용들과 각 과목들에 대한 공부법, 선택형·사례형·기록형에 대한 안내와 공부방법 등을 소개하고 있습니다. 물론 개인적인 의견이 많이 반영된 부분이기도 합니다. 제가 생각하는 이 책을 읽는 가장 중요한 이유가 바로 이 파트 2 부분이라고 생각합니다. 저마다의 공부방법을 고민할 때 이 부분을 참고하셨으면 좋겠습니다.

파트 3의 경우 저의 수험기입니다. 학교 다닐 때 경험하거나 고민했던 부분들을 한번 정리해본 것입니다. 그래도 나름 여러분들이 수험생활을 할 때 반드시 경험하고 고민할 내용들을 정리한 것인데 어찌보면 학교생활에 대한 소개라고도 볼 수 있겠습니다. 심심할 때 한번 재미삼아 읽어보면 좋겠습니다.

파트 4는 부록입니다. 진짜 제가 학교다니면서 든 잡생각을 모아둔 부분입니다. 그렇지만 순공 8시간 부분은 여러분들도 진지하게 고민하셨으면 하는 내용입니다. 마지막 의약품 부분은 분명히 한번 정도는 찾아볼 필요가 생길 것인데 그때 찾아보시면 좋겠습니다.

부족하지만 그래도 이 책이 여러분들의 수험생활에 조금이나마 도움이 되었으면 합니다.

목 차
변 호 사 시 험 위 키

PART 01 변호사시험이란? / 1
    제1장 변호사시험법 ································ 3
    제2장 변호사 시험과목 ·························· 12
    제3장 변호사시험의 일정과 배점 ············ 23
    제4장 법조윤리시험 ······························· 27

PART 02 변호사시험 준비방법 / 31
    제1장 법학이란 무엇일까 ························ 33
    제2장 변호사시험을 준비하기 앞서 ········· 35
    제3장 변호사시험 준비하기 ···················· 42
        2-1. 수험서에 대해서 ······················ 47
        2-2. 학년별 공부방법 ······················ 74
        2-3. 유형별 공부방법 ···················· 106

PART 03 로스쿨 생활기 / 163

제1장 학교생활 ················· 165
제2장 사설 학원강의 ················· 175
제3장 모의고사 ················· 183
제4장 최신판례 ················· 193
제5장 학교시험 ················· 200
제6장 재판실무 ················· 202
제7장 스터디 ················· 207
제8장 건강 ················· 215

PART 04 잡다한 이야기들 / 223

제1장 로스쿨 생활에 대한 잡생각 ················· 225
제2장 순공 8시간 ················· 233
제3장 알아두면 쓸데있는 여러 가지 잡다한 약들 ·· 235

에필로그 / 245

PART 01
변호사시험이란?

▶□◀□▶□◀□▶□◀□▶□◀□▶
변 호 사 시 험 위 키

우리는 앞으로 변호사시험을 준비할 사람이다. 그런데 시험을 준비하기 전에 먼저 변호사시험이 어떤 시험인지는 알아보는 것이 먼저이지 않을까 한다. 『지피지기 백전불태』라고, 공부를 시작하기 전에 먼저 변호사시험에 대해 알아보고 시작하자.

제1장 변호사시험법

우리가 변호사가 되기 위해 법학전문대학원에 입학하고, 3년간 변호사시험을 위해 공부를 한다. 그런데 변호사시험을 준비하는 사람 중에 「변호사시험법」을 찾아본 사람은 별로 없을 것이다. 그러나 우리가 준비하는 시험의 근거가 되는 법은 한번정도 알아보고 가는 것도 좋을 것이다. 간단하게 우리에게 중요한 내용이 무엇인지 정도는 알아보고 가자.

1. 응시자격

> 제5조(응시자격)
> ① 시험에 응시하려는 사람은 「법학전문대학원 설치·운영에 관한 법률」 제18조제1항에 따른 법학전문대학원의 석사학위를 취득하여야 한다. 다만, 제8조 제1항의 법조윤리시험은 대통령령으로 정하는 바에 따라 법학전문대학원의 석사학위를 취득하기 전이라도 응시할 수 있다.
> ② 3개월 이내에 「법학전문대학원 설치·운영에 관한 법률」 제18조 제1항에 따른 법학전문대학원의 석사학위를 취득할 것으로 예정된 사람은 제1항 본문의 응시자격을 가진 것으로 본다. 다만, 그 예정시기에 석사학위를 취득하지 못하는 경우에는 불합격으로 하거나 합격 결정을 취소한다.
> ③ 제1항 및 제2항에 따른 응시자격의 소명방법은 대통령령으로 정한다.
> ④ 법학전문대학원의 장은 시험 응시자의 자격에 관하여 법무부장관 또는 그 응시자가 확인을 요청하면 그 자격을 확인하여 주어야 한다.

제5조 제1항 본문에서 법학전문대학원을 졸업한 사람에게 변호사시험 응시자격을 제공한다는 내용을, 제2항 본문에서 졸업예정자에게도 응시자격을 제공한다는 내용을 규정하고 있다. 제2항 단서에서는, 학교 졸업시험을 통과하지 못한 사람에게는 응시자격을 부여하지 않겠다는 것을 말하고 있다.

2. 응시횟수의 제한

> 제7조(응시기간 및 응시횟수의 제한)
> ① 시험(제8조제1항의 법조윤리시험은 제외한다)은 「법학전문대학원 설치·운영에 관한 법률」 제18조 제1항에 따른 법학전문대학원의 석사학위를 취득한 달의 말일부터 5년 내에 5회만 응시할 수 있다. 다만, 제5조 제2항에 따라 시험에 응시한 석사학위취득 예정자의 경우 그 예정기간 내 시행된 시험일부터 5년 내에 5회만 응시할 수 있다.
> ② 「법학전문대학원 설치·운영에 관한 법률」 제18조 제1항에 따른 법학전문대학원의 석사학위를 취득한 후 또는 이 법 제5조 제2항에 따라 석사학위 취득 예정자로서 시험에 응시한 후 「병역법」 또는 「군인사법」에 따른 병역의무를 이행하는 경우 그 이행기간은 제1항의 기간에 포함하지 아니한다.

제7조는 그 유명한 5탈을 규정하고 있다. 제1항에서 5탈에 관한 내용을, 제2항에서 군대가는 기간을 5탈의 예외로 규정하고 있다. 여기서 보면 5탈이라는 것은 횟수를 기준으로 하는 것이 아니라 연도를 기준으로 하고 있다는 것을 알 수 있다. 즉 5년 내 최대 5번까지 볼 수 있다는 것이다.

3. 시험의 방법(유형)

> **제8조(시험의 방법)**
> ① 시험은 선택형(기입형을 포함한다. 이하 같다) 및 논술형(실무능력 평가를 포함한다. 이하 같다) 필기시험과 별도의 법조윤리시험으로 실시한다.
> ② 선택형 필기시험과 논술형 필기시험은 혼합하여 출제한다.
> ③ 제1항 및 제2항에도 불구하고 제9조 제1항 제4호의 전문적 법률분야에 관한 과목에 대하여는 논술형 필기시험만 실시한다.
> ④ 법무부장관은 법조윤리시험의 시행에 필요한 조직과 인력을 갖춘 외부기관을 지정하여 법조윤리시험을 시행하게 할 수 있다.
> ⑤ 제4항에 따른 외부기관의 지정기준, 지정절차 및 지정취소, 외부기관에 대한 감독, 그 밖에 법조윤리시험에 관하여 필요한 사항은 대통령령으로 정한다

제8조는 변호사시험 문제의 유형을 정하고 있다. 제1항에서 선택형 문제 및 서술형 문제를 내도록 하고 있으며, 서술형 문제에는 사례형과 기록형이 있다. 또한 제1항은 법조윤리시험에 대해 규정하고 있다. 제2항에서는 각 과목마다 선택형과 사례형, 기록형을 다 내도록 하고 있는 조항이다. 그래서 공법, 형사법, 민사법은 다 선택형·사례형·기록형이 있는 것이다.

제3항은 선택법은 사례형만 내도 된다고 규정하고 있다. 그래서 선택법은 사례형만 보는 것이다.

제4항과 제5항은 법조윤리시험에 대해 시행령으로 구체적으로 위임하고 있다. 즉 법에서 법조윤리시험에 대한 내용을 다루는 것이 아니라 하위 법령인 시행령(대통령령)을 통해서 이에 대해 규정하고 있는 것이다.

4. 시험과목

> 제9조(시험과목)
> ① 시험과목은 다음 각 호와 같다.
>   1. 공법(헌법 및 행정법 분야의 과목을 말한다)
>   2. 민사법(「민법」, 「상법」 및 「민사소송법」 분야의 과목을 말한다)
>   3. 형사법(「형법」 및 「형사소송법」 분야의 과목을 말한다)
>   4. 전문적 법률분야에 관한 과목으로 응시자가 선택하는 1개 과목
> ② 제1항 제4호에 따른 전문적 법률분야에 관한 과목의 종류는 대통령령으로 정한다.
> ③ 시험의 각 과목에 대하여는 대통령령으로 정하는 바에 따라 출제 범위를 정하여 시험을 실시할 수 있다.
> ④ 제2항에 따른 시험과목을 신설·폐지하거나, 제3항에 따라 시험과목의 출제 범위를 변경할 경우에는 해당 과목의 시험 예정일부터 역산(逆算)하여 2년 이상의 유예기간을 두어야 한다.

제9조는 변호사시험 과목을 규정하고 있다. 제1항 각호에서 공법, 민사법, 형사법, 선택법을 변호사시험에서 출제하라고 정하고 있다. 그래서 우리가 공·형·민 그리고 선택법을 변호사시험에서 보는 것이다. 제2항에서는 선택법 종류를 시행령에 위임하고 있다.

이에 따라 시행령 제7조 제1항 및 별표1에서 국제법, 국제거래법, 노동법, 조세법, 지적재산권법, 경제법, 환경법 총 7개를 규정하고 있다.

제3항에서는 각 선택과목의 시험범위를 따로 정하여 변호사시험을 실시할 수 있다는 조항이다. 이에 따라서 각 선택과목의 내용이 정해지게 된다. 이는 시행령 제7조 제2항 및 별표2에서 정하고 있다.

[별표 2] 〈개정 2018. 1. 16.〉
출제 범위를 정하여 실시하는 시험과목과 그 출제범위(제7조제2항 관련)

과목	출제범위
국제법	국제경제법을 포함한다.
국제거래법	「국제사법」과 「국제물품매매계약에 관한 유엔협약」으로 한다.
노동법	사회보장법 중 「산업재해보상보험법」을 포함한다.
조세법	「국세기본법」, 「소득세법」, 「법인세법」 및 「부가가치세법」으로 한다.
지적재산권법	「특허법」, 「실용신안법」, 「디자인보호법」, 「상표법」 및 「저작권법」으로 한다.
경제법	「소비자기본법」, 「전자상거래 등에서의 소비자 보호에 관한 법률」, 「독점규제 및 공정거래에 관한 법률」, 「약관의 규제에 관한 법률」, 「할부거래에 관한 법률」 및 「방문판매 등에 관한 법률」로 한다.
환경법	「환경정책기본법」, 「환경영향평가법」, 「대기환경보전법」, 「물환경보전법」, 「폐기물관리법」, 「토양환경보전법」, 「자연환경보전법」, 「소음·진동관리법」 및 「환경분쟁조정법」으로 한다.

5. 합격자의 결정

> **제10조(시험의 합격 결정)**
> ① 법무부장관은 법학전문대학원의 도입 취지를 고려하여 시험의 합격자를 결정하여야 한다. 이 경우 제14조에 따른 변호사시험 관리위원회의 심의 의견과 대법원, 「변호사법」 제78조에 따른 대한변호사협회 및 법학전문대학원 등을 구성원으로 하여 「민법」 제32조와 「공익법인의 설립·운영에 관한 법률」 제4조에 따라 설립된 법인의 의견을 들어야 한다.
> ② 시험의 합격은 선택형 필기시험과 논술형 필기시험의 점수를 일정한 비율로 환산하여 합산한 총득점으로 결정한다. 다만, 각 과목 중 어느 하나라도 합격최저점수 이상을 취득하지 못한 경우에는 불합격으로 한다.
> ③ 법조윤리시험은 합격 여부만을 결정하고, 그 성적은 제2항의 총득점에 산입하지 아니한다.
> ④ 선택형 필기시험과 논술형 필기시험 간의 환산비율, 선택형 및 논술형 필기시험 내에서의 각 과목별 배점비율, 각 과목별 필기시험의 합격최저점수, 법조윤리시험의 합격에 필요한 점수, 성적의 세부산출방법, 그 밖에 시험의 합격 결정방법은 대통령령으로 정한다.

제10조는 변호사시험의 합격자에 대한 내용을 규정하고 있다. 제1항에서는 '법무부장관은 법학전문대학원의 도입 취지를 고려하여 시험의 합격자를 결정하여야 한다'고 규정하고 있는데, 그래서 매년 합격률과 합격자 수가 바뀌는 것이다. 즉 변호사시험의 합격 목숨을 거는 우리 수험생들의 운명을 정하는 조항은 딸랑 저 한 줄이 다인 것이다.

제2항 본문에서는 환산점수에 대한 규정을, 단서에서는 과락을 규정하고 있다. 그래서 각 과목별로 과락이 나면 변시에서 떨어져 나락으로 가는 것이다. 그런데 선택형이 절대점수로 반영되기 때문에 공·형·민 과목에서는 과락이 나오기는 쉽지 않다. 문제는 선택법이다. 선택법은 사례형만 보기 때문에 상대적으로 과락이 나오기 쉽다. 그래서인지 종종 선택법 과락 때문에 변호사시험에서 떨어졌다는 흉흉한 소문이 돌기도 한다. 과락에 대한 자세한 내용은 시행규칙 제7조에서 규정하고 있고, 과락의 기준은 만점의 40%로 규정하고 있다. 시행규칙은 아래에 간단히 소개정도 한다.

> **변호사시험법 시행규칙 제7조(점수 조정에 따른 합격최저점수의 결정방법)**
> ① 「변호사시험법 시행령」(이하 "영"이라 한다) 별표 4 제2호에 따른 필기시험의 합격최저점수 중 공법, 민사법, 형사법 과목 필기시험의 합격최저점수를 각 과목 만점의 40퍼센트로 한다는 것은 각 과목 선택형 필기시험의 과목 점수에 시험위원이 채점한 점수로 산출한 논술형 필기시험의 과목 점수를 더한 점수와 선택형 필기시험의 과목 점수에 제5조의 방법에 따라 산출한 논술형 필기시험의 과목 점수를 더한 점수 중 어느 하나가 각 과목 만점의 40퍼센트 이상에 해당하는 것을 말한다.
> ② 영 별표 4 제2호에 따른 필기시험의 합격최저점수 중 전문적 법률분야에 관한 과목 필기시험의 합격최저점수를 만점의 40퍼센트로 한다는 것은 시험위원이 채점한 점수로 산출한 필기시험의 과목 점수와 제6조의 방법에 따라 산출한 필기시험의 과목 점수 중 어느 하나가 만점의 40퍼센트 이상에 해당하는 것을 말한다.

제10조 제3항은 법조윤리시험은 합격·불합격만 따진다는 것이고, 변호사시험 점수에는 반영하지 않는다는 것이다. 그래서 법조윤리시험은 변호사시험의 자격과 같은 느낌으로 준비하는데, 보통

1학년때 합격해 놓는다. 법조윤리시험에 대해서는 '4장 법조윤리시험'에서 좀 더 자세히 알아보자.

   제4항의 경우, 사례형·기록형의 환산점수에 대한 내용을 담고 있다. 또한 선택형·사례형·기록형의 각 배점이 얼마인지도 규정하고 있다. 물론 하위 시행령에 위임하고 있다. 자세한 것은 3장의 '변호사시험의 일정과 배점'에서 보자.

6. 시험정보의 공개(성적공개)

> **제18조(시험정보의 공개)**
> ① 법무부장관은 시험에 응시한 사람이 그 시험의 합격자 공고일부터 5년 이내에 본인의 성적 및 석차(제10조 제2항 본문에 따른 총득점의 순위로 한정한다) 공개를 청구할 경우 이를 공개하여야 한다.
> ② 법무부장관은 채점표, 답안지, 그 밖에 공개하면 시험업무의 공정한 수행에 현저한 지장을 줄 수 있는 정보는 공개하지 아니할 수 있다.

   제18조는 시험정보에 대한 공개를 청구할 수 있다는 조항이다. 제1항에 따라서 내 변시 점수를 법무부에 물어볼 수 있다.

7. 응시 수수료

> 제20조(응시 수수료)
> ① 시험에 응시하려는 사람은 대통령령으로 정하는 응시 수수료를 내야 한다.
> ② 법무부장관은 제1항에 따라 응시 수수료를 낸 사람이 실제로 시험에 응시하지 아니한 경우에도 응시 수수료를 반환하지 아니한다. 다만, 다음 각 호의 어느 하나에 해당하는 경우에는 대통령령으로 정하는 바에 따라 응시 수수료의 전부 또는 일부를 반환하여야 한다.
>   1. 제1항에 따라 응시 수수료를 낸 사람이 시험일 전에 응시 의사를 철회한 경우
>   2. 제1항에 따라 응시 수수료를 낸 사람이 대통령령으로 정하는 불가피한 사유로 시험에 응시하지 못하였거나 시험을 끝까지 마치지 못한 경우. 다만, 본인의 고의 또는 중대한 과실로 해당 사유를 초래한 경우는 제외한다.

제20조는 변호사시험을 보기 위해서는 돈을 내야 한다는 것이다. 동법 시행규칙 제8조 제1항에서 법조윤리시험은 5만원, 제3항에서 변호사시험은 20만원을 시험 응시 수수료로 정하고 있다.

이 정도까지가 우리가 변호사시험을 준비함에 있어서 중요한 「변호사시험법」에 관한 내용일 것이다. 우리들 대부분 변호사시험에 대한 내용을 알고 있겠지만, 적어도 법을 공부하는 수험생 입장에서 근거되는 법령을 한번 정도는 보고 지나가는 것도 좋을 것이다.

제2장 변호사 시험과목

1. 공법에 대해 알아보자

공법은 크게 헌법과 행정법으로 나뉜다. 공법은 상대적으로 민사법이나 형사법보다 중요도가 덜 하다고 하지만, 그래도 소홀히 할 수 없는 과목이다. '정의'에 대한 개념을 확실히 숙지할 필요가 있는 과목이다. 아울러 학설도 잘 알아둘 필요가 있다.

_ 헌법은 어떻게 구성되어 있을까?

헌법은 말 그대로 대한민국 헌법과 관련 부속법령을 포함하고 있다. 이를 세분하면, 대한민국 헌법은 크게 총론, 기본권론, 통치구조론으로 구분되고, 별도로 헌법재판론(헌법재판소법)과 헌법의 역사 등을 들 수 있다. 이 외에 부속 법령으로서 통치구조론 관련 국회법, 감사원법, 정부조직법, 법원조직법 등이 있다.

_ 행정법은 어떻게 구성되어 있을까?

행정법의 경우... 사실 행정법이란 법은 없다. 행정법은 사실상 대한민국의 웬만한 법들이 다 행정법이라고 볼 수 있을 정도이다. 그러나 그러한 온갖 법들 중에서도 국가 또는 행정청과 관련된 부분들이 다 행정법이라고 볼 수 있겠다. 아무튼 행정법이라는 과목은 크게 나누면 행정법 총론과 행정법 각론으로 나눌 수 있다. 총론의 경우에는 행정법의 기본원리를 다루고 있는 행정기본법[1])과 행정절차법, 정보공개법, 행정상 의무이행확보관련(행정대집행법 등), 행정구제관련(국가배상법, 행정심판법, 행정소송법 등)이 있다. 각론의 경우에는 정말 온갖 법들이 다 있는데, 크게 행정조직관련(정부조직법, 지방자치법, 공무원법 등)과 특별행정작용관련(경찰관직무집행법, 공물법〈하천법·도로법·국유재산법 등〉, 공용부담관련〈특히 토지보상법〉, 조세법 등)이 있다. 물론 행정법은 그 특성상 위에 열거하지 않은 법들도 시험에 나온다.[2]) 물론 그런 경우 조문을 제공할 가능성이 높다. 그 외에 종종 볼 수 있는 법들로는 건축법, 식품위생법 등이 있다.

_ 공법 공부의 비중은?

헌법은 일단 기본권론과 헌법재판론이 가장 중요하다. 선택형·사례형·기록형 구분할 것 없이 가장 많이 나오는 파트다. 특히 헌법재판론의 각 헌법소송들은 사례와 기록에서 기본으로 나오는 부분이다. 여기에 기본권이 엮여서 같이 나오는 편이다. 통치구조론 파트는 헌법 전체로 보면 적은 분량이 아닌데, 상대적으로 불의타[3])의 영역에 가깝다. 그래도 소홀히 하면 그야말로 불의타를 얻어맞을 수 있기에 주의해야 한다.

---

1) 사실 행정기본법은 제정된지 얼마 안된, 2021. 9. 24.에 시행된 법이다.
2) 10회 변시 공법 사례형에서 감염병의 예방 및 관리에 관한 법률이 나왔었다.
3) 불의의 타격이라는 뜻이다. 로스쿨 다니면서 많이 들어볼 것이다.

행정법의 경우 행정기본법과 행정구제(특히 행정소송법)가 가장 비중이 높고, 행정절차법과 국가배상 파트가 간간이 나오는 편이다. 이외에도 정보공개법, 행정심판법 등이 중간중간 나온다고 보면 된다. 행정법 각론 부분은 토지보상법 부분이 간간이 나오는 편이고, 공물 관련된 부분이 살짝씩 나오는 편이다.

_ **공법의 특징**

학교를 다니다 보면 공법은 금방 된다는 말을 들어볼 수 있을 것이다. 사실인 것 같다. 그런데 왜 금방 되는지는 사실 잘 알려주지 않는다. 그럼 왜 공법은 금방 될까?

먼저 공법은 논점이 딱딱 떨어진다. 크게 복잡하지 않다. 그러다 보니 정리만 되면 상대적으로 쉽게 익힐 수 있다. 물론 3학년때 공법을 시작하다 보면 생각보다 양이 많은 것을 느낄 수 있다. 그래도 민사법이나 형사법에 비해서는 양이 적고 유형도 단편적인 부분이 있어서 금방 학습할 수 있다.

한편 공법은 보통 3학년 올라갈 때 시작하게 된다. 그전까지는 학교 수업정도만 들어두는 정도이고, '내 공부'를 시작하는 것이 3학년인 것이다. 3학년 때에는 민사법이나 형사법이 어느 정도 되어 있는 단계이기에 공법도 처음 법학을 시작할 때에 비해서는 쉽게 된다. 무엇보다도 공법 기록형은 사례형과 유사한 점이 많다.

이러한 점들이 공법이 금방 된다는 말이 나오는 이유인 것 같다. 그러기에 3학년때 시작하는 것이기도 하겠다. 물론 변호사시험 볼 때까지 가장 완성이 덜 된 과목이 공법일 수도 있긴 하지만 말이다.

2. 민사법에 대해 알아보자

민사법은 크게 민법, 민사소송법, 상법으로 구성되어 있다. 민사법은 변호사시험에 있어 가장 중요한 비중을 차지하고 있다. 민사법은 변호사시험에서 배점도 가장 크며, 이걸 포기한다는 것은 변호사시험을 응시하지 않겠다는 것과 동일하다고 볼 수 있을 정도이다. 그만큼 들여야 할 공도 많다는 것이다. 민법의 경우에는 상대적으로 학설이 덜 중요하나, 민사소송법이나 상법에서는 학설을 무시할 수 없다.

_ 민법은 어떻게 구성되어 있을까?

민법은 한마디로 '법들의 왕'이다. 그만큼 다른 법들에 미치는 영향이 큰 법이다. 민법은 크게 재산법(민법총칙, 채권법-채권총론, 채권각론-, 물권법), 가족법(친족법, 상속법)으로 구성되어 있다. 그중에서 채권법의 인적담보, 물권법의 물적담보를 합쳐 채권담보법이라고 따로 분류하는 경우도 있다. 그만큼 중요하기 때문이다. 민법파트에서는 「민법」뿐 아니라 민사집행법(특히 압류·추심·전부), 주택임대차보호법, 상가임대차보호법, 부동산실명법, 부동산등기법 등의 관련 법령들도 같이 나온다. 특히 민사집행법은 숨 쉬듯이 같이 나오는, 사실상 민법의 일부분이라고 볼 수 있을 정도이다. 주택임대차보호법이나 상가임대차보호법은 채권각론의 임대차 부분에서 나오는데 사실 민법과 동일하게 볼 수 있을 정도로, 아니 그냥 민법이라고 볼 수 있는 법들이다. 부동산실명법과 부동산등기법은 물권법에서 간간이 볼 수 있는 법들이다. 가족법의 경우, 비중은 재산법보다는 적으나, 최근에는 사례·기록[4])에서도 비중이 점차 늘어나고 있는 편이다.

_ **민사소송법은 어떻게 구성되어 있을까?**

민사소송법은 크게 재판관할, 소송의 주체, 제1심 소송절차, 병합소송, 항소·재심 정도로 구분할 수 있다. 아무래도 사례형에서는 제1심 소송절차 이후부터 빈번하게 나오는 편인데, 앞부분도 모의고사에서 계속 나오고 있다. 예전에는 민사집행법이 민사소송법의 일부를 이루었는데 별개의 법으로 떨어져 나왔다. 물론 민사집행법도 민사법에 포함되는 내용이다.

_ **상법은 어떻게 구성되어 있을까?**

상법은 크게 상법총칙(상법 총론, 상행위), 회사법, 보험법, 해상, 항공운송으로 구분되고, 추가로 「어음법」과 「수표법」이 시험범위에 해당한다. 사실 해상법과 항공운송법은 다루는 경우가 없다.

---

4) 10회 변시 민사법 기록형에서 나왔다!

_ 민사법 공부의 비중은?

사실 민법에 있어 공부의 비중을 따지는 것은 의미가 크게 없다. 전 영역에서 골고루 나오는 편이며, 심지어 가족법도 최근에서는 비중이 늘었다. 더 이상 버리는 파트가 아니게 된 것이다. 굳이 따지자면 앞서 말한 채권담보법이 가장 비중이 크다고 볼 수 있다. 특히나 민법의 경우에는 여러 가지 논점이 씨실과 날실처럼 합쳐져 나오기 때문에 어느 하나를 소홀히 할 수 없다. 민사집행법도 처음에는 소홀히 할 수 있으나, 안 해뒀다간 두고두고 발목을 잡는다.

민사소송법도 골고루 중요하나, 아무래도 제1심 소송절차(특히 기판력!), 병합소송 파트가 많이 나온다. 기판력과 병합소송의 경우에는 내용도 내용이지만 이해하는 것 자체가 어렵다.[5] 화이팅!

상법은... 회사법의, 회사법에 의한, 회사법을 위한 법이다. 다른 부분이 중요하지 않다는 것이 아니고, 막말로 상법의 70%는 회사법 내용이다.[6] 회사법 중에서도 주식회사가 거의 대부분을 차지한다. 그 다음으로 어음·수표법과 상법총칙(그중에서도 상법총론)이 나오는 편이다. 비중은 회사법보다는 적으나, 내가 회사법을 마스터했다고 하기 전까지는 절대로 버리라고 하고 싶지는 않다. 보험법은 정말 비중이 적다. 보험법은 저자도 챙기지 못했다. 그 외에 해상법과 항공운송법은 이번에 책을 쓰는 과정에서 상법에 있었다는 사실을 처음 알았다.

---

5) 저자가 공부하면서 울고 싶었을 때가 세 번 있었다. 그중 하나가 기판력과 병합소송 부분이었다. 나머지 두 번은 뒤에서 나온다.
6) 물론 선택법에서는 상대적으로 비중이 좀 낮아진다. 그래도 절반은 회사법이다.

_ 민사법의 특징

민사법은 일단 양이 많다. 양도 많은데, 서로 논점이 섞여서 나오기까지 한다. 그래서 가장 힘든 과목이다. 민법과 민사소송법은 일단 사례형 제1문이 둘이 같이 나오는 것인 만큼, 너나 구분하지 않고 나오게 된다. 제2문도 민법만 나오는 것 같지만, 간혹 민사소송법 내용을 알아야 하는 경우도 있다. 상법은 상대적으로 독립적으로 출제되긴 하나, 변호사시험 특성상 민법과 민사소송법을 알아야 하는 경우도 있고, 반대로 상법을 알아야 민법과 민사소송법을 해결할 수 있는 문제도 있다. 한마디로 논점이 복합적이라는 거다.

문제는, 민법 안에서도 그러한 경향이 강하다. 한 문제에 채권과 물권 논점이 동시에 나온다던지, 심지어 하나의 논점에서도 여러군데 내용이 섞여 나오는 경우도 있다. 마치 씨실과 날실이 엮이는 느낌이다. 이건 사례형 문제를 접해보면 금방 이해가 된다.

그렇기에 공부의 방향도 이에 맞춰서 잡아야 한다. 하나하나의 논점을 공부할 때에도 이게 다른 부분과 어떻게 엮이게 될지 생각하면서 해야 한다. 물론 수험서에는 자세히 설명이 되어 있다. 그런데 책에 있어도 이걸 신경쓰면서 공부하는게 아니면 캐치해내는게 쉽지 않다.

사례형뿐 아니라 기록형과 선택형도 마찬가지이다. 특히 선택형의 경우, 모의고사와는 다르게 민법과 민사소송법이 겹치거나 상법과 민사소송법이 겹치는 등의 문제가 빈번하게 나온다. 모의고사의 경우 민법 35문제, 민사소송법 17문제, 상법 18문제가 딱 떨어지게 나오는 편이지만, 변호사시험의 경우에는 그 경계가 불분명한 문제들이 나와서 모의고사처럼 딱 떨어지게 출제되지는 않는다. 즉 한 문제에서 여러 가지를 다 물어보는 식이다. 문제 유형도 사례형 제시문처럼 주어지는 경우도 많다.

결론은 민사법 공부를 많이 해야 한다는 것이다. 입학하기 전부터 변호사시험 볼 때까지 민사법에 매달려야 한다. 단순히 많이 하는걸 떠나서 복합적으로 나오는 것까지 고려해서 해야 한다. 참 피곤하고 골치아픈 법이다.

3. 형사법에 대해 알아보자

형사법은 형법과 형사소송법으로 구분할 수 있다. 형사는 비중은 민사보다는 적으나, 검사를 준비하는 수험생들에 있어서는 비중이 큰 법이다. 형사법은 작정하고 보면 양이 많은데,[7] 배점은 공법과 같다. 그래서 적당한 공부량을 찾는 것이 중요한 법이라고 생각한다. 개인적으로 공부할 때 가장 재밌었던 과목이었다. 판례를 보다 보면 정말 시간 가는 줄 모르게 된다. 형법총론과 형사소송법은 상대적으로 학설이 많이 등장한다.

---

7) 물론 공법도 파기 시작하면 한도끝도 없긴 하다.

_ 형법은 어떻게 구성되어 있을까?

형법은 크게 「형법」과 특별형법으로 구분할 수 있겠다. 「형법」은 형법 총론과 형법 각론으로 나뉘어지고, 형법 각론의 경우 개인적 법익·사회적 법익·국가적 법익에 관한 죄로 구분할 수 있다. 특별형법은, 우리나라 법에서 벌칙을 규정하고 있는 법들이라고 생각하면 편하다. 일일이 나열하기 어려울 정도로 많다.[8] 그중 비중이 큰 것[9]은 도로교통법·교통사고처리특례법(도교법·교특법), 특정범죄가중처벌법(특가법), 특정경제범죄가중처벌법(특경법), 성폭력범죄처벌법(성폭법), 아동·청소년성보호법(아청법), 폭력행위처벌법(폭처법), 정보통신망법(정통망법), 부정수표단속법(부수법), 여신전문금융업법(여전법), 변호사법 정도가 있다. 특히 기록형에서 자주 등장한다.[10] 도교법이나 교특법은 상습적으로 많이 등장한다.

_ 형사소송법은 어떻게 구성되어 있을까?

형사소송법은 크게 재판관할, 당사자, 압수수색 등, 수사, 공소제기, 소송, 공판, 상소·재심, 기타절차 등으로 구분할 수 있겠다. 사실 법은 이런 순서로 되어 있는데, 대개 형사소송법 책은 수사부터 되어있는 경우가 많다. 아무래도 실제 실무를 반영해서 수사-공판 순으로 책을 만드는 것 같다.

---

8) 사실 상법에도 벌칙이 있다!
9) 이라 쓰고 변호사시험 범위라고 읽는다.
10) 이말은 형사재판실무와 검찰실무에서도 많이 나온다는 것이다.

_ 형사법 공부의 비중은?

형법은 앞서 말한 것처럼 형법총론과 형법각론으로 구분할 수 있다. 형법 총론은 학설 대잔치다. 그만큼 학설이 많이 나온다. 개인적으로는 학설 하나하나에 대해서는 이해할 정도만 하면 되지 않을까 한다. 왜냐하면 일단 이해가 어렵다.11) 선택형에서 학설을 물어보는 경우도 있으나, 사례형에서는 소개만 할 정도면 충분하지 않을까 한다. 이는 어디까지나 개인적인 의견일 뿐이다. 물론 잘 써주면 점수로 될 가능성이 높다. 형법 각론 부분에서는 개인적 법익이 가장 비중이 크고, 사회적 법익과 국가적 법익 순으로 비중을 차지한다고 본다. 물론 큰 차이는 없다. 단순히 중간중간에 빠지는 범죄들이 얼마나 있냐 정도라고 볼 수 있다.

특별형법의 경우에는, 선택형과 사례형, 기록형에서 그 비중이 각자 조금씩 다르다. 기록형에서 비중이 가장 크고, 사례형에서는 「형법」에서 규정한 범죄와 관련된 부분이 주로 등장하고, 선택형에서는 상대적으로 등장하는 비중이 적다. 어디까지나 상대적이라는 것이다. 나오기는 무조건 나온다.

형사소송법의 경우는, 생각보다 복잡하다. 수사 관련된 부분(특히 강제처분 관련)과 공소사실의 동일성 관련된 부분, 기판력, 증거능력이 매우매우 중요하다. 여기서 대부분의 형사소송법 문제가 나온다. 간혹 상소 파트나 재심 파트도 언제든지 나올 수 있는 부분이라고 생각한다.

---

11) 저자가 이부분을 공부하면서 울고 싶었을 때였다.

_ 형사법의 특징

 형사법도 논점이 단편적인 편이다. 당연하면 당연하다는 말이지만, 형법 안에서 총론 부분과 각론 부분은 민법처럼 혼합되는 부분이 많다. 가령 합동특수절도[12]의 미수를 검토하는 경우에는, 합동범의 개념과 여기에 같이 따라 나오는 공동정범의 개념, 그리고 마지막에는 미수범의 법리를 같이 검토해야 한다. 그래도 민법보다는 양이 적고, 무엇보다도 형법 각론은 재밌다. 판례들도 현실감이 느껴지고 그러다보니 재밌게 읽게 된다. 그리고 뭔가 정의감? 같은 게 공부하면서 들기도 한다. 그러다 보니 실제 난이도에 비해서 체감 난이도는 좀 낮다고 느끼게 된다. 다만 형법총론부분은 처음 시작할 때 정말 지옥을 맛볼 수 있다.

 한편 형사소송법도 생각보다 양이 많고 공부할 것도 많으며 이해가 쉽지 않은 부분도 있다. 그래도 사례형의 경우 상대적으로 나올 부분이 정해져 있는 편이고, 형법과 엮기 어렵다. 다만 형사소송법 안에서 논점이 엮이는 경우가 있다. 그래서 형사소송법이 오히려 복병이 되는 경우가 있는 것 같다.

---

12) 형법 제331조 제2항

제3장 변호사시험의 일정과 배점

1. 변호사시험 일정표

변호사시험의 일정표는 다음과 같다.

시험 일자	시험 과목	시험시간 및 시험과목				입실시간
		오 전		오 후		
		시간	문형(배점)	시간	문형(배점)	
1일차	공 법	10:00 -11:10	선택형 (100점)	13:30 -15:30	사례형 (200점)	오전시험 : 09:20 오후시험 : 시험 시작 40분 전 ※시험실 개방 : 08:20
				17:00 -19:00	기록형 (100점)	
2일차	형사법	10:00 -11:10	선택형 (100점)	13:30 -15:30	사례형 (200점)	
				17:00 -19:00	기록형 (100점)	
3일차	휴 식 일					
4일차	민사법	10:00 -12:00	선택형 (175점)	14:30 -17:30	기록형 (175점)	
5일차	민사법 · 전문적 법률 분야에 관한 과목 (택1)	10:00 -13:30	민사법 사례형 (350점)	16:00 -18:00	전문적 법률 분야에 관한 과목(택1) 사례형(160점)	

출처:법무부

위 일정은 2023년 제12회 변호사시험의 일정이다. 법무부에서 제공하는 시간표를 가독성 있게 약간 수정한 것이다. 보다시피 일정은 살인적이다. 5일 동안 진행되는데, 중간에 하루를 쉰다. 첫 번째 날과 두 번째 날은 오전 10시에 시작해서 오후 7시에 끝나고, 네 번째 날과 다섯 번째 날은 그보다는 조금 빨리 끝난다.

어느 변시를 재수한 사람에 의하면, 1년을 더 공부하는 것보다 저런 일정을 다시 소화해야 한다는 것이 더 힘들었다고 한다. 저자도 변호사시험을 경험해 보았지만, 저런 일정을 다시는 해보고 싶지는 않다.

일정표를 좀 자세히 보자면, 첫 번째 날은 공법만, 두 번째 날은 형사법만 본다. 네 번째 날은 민사법 선택형과 기록형을, 마지막 날은 민사법 사례형과 선택법 사례형을 본다. 변호사시험은 손으로 직접 써서 풀어야 하는 문제가 많기 때문에 마지막날쯤 되면 손목이 아프다. 평상시에 많이 써 봐서 단련해 두어야 한다.

변호사시험 일정의 특색을 보자면, 쉬는시간이 굉장히 길다. 점심시간을 두시간 이상 보장하는 편이다. 공법과 형사법의 경우 사례형과 기록형 사이에 주어진 쉬는시간도 한시간 반이다. 이 쉬는시간을 어떻게 활용할지는 저마다 고민해볼 문제이다. 공부를 하는 사람도 있을 것이고, 잠시 잠을 자는 사람도 있을 것이며, 간식을 먹는 사람도 있고, 화장실을 가는 사람도 있을 것이며 마인드 컨트롤을 하는 사람도 있을 것이다. 꼭 이 중에 하나만 할 필요는 없기에, 자신이 필요한 것을 하면 될 것이다.

속설이 하나 있는데, 시험시작 전에 잠깐 본 부분이 시험에 나온 다는 것이다. 저자도 이를 느꼈다. 다만 좀 안 좋은 쪽이였는데, 형사법 기록형 전에 죄수에 대한 내용을 보고 있었는데, 시간부족으로 살짝 못 본 부분이 있었다. 그런데 그 못 본 부분에서 기록형 시험에서 딱 하고 나온 것이다. 붙었으니 망정이지 점수가 살짝 부족해서 안 됐으면 두고두고 아쉬웠을 것이었다.

2. 변호사시험의 과목별 배점과 환산점수

변호사시험의 총 배점은 1660점이다. 그중 선택법이 160점이고, 공법이 400점, 형사법이 400점, 민사법이 700점이다. 점수 배점만 봐도 민사법이 가장 중요하다는 것을 알 수 있다. 이를 시험유형으로 다시 구분하자면, 선택법 160점을 제외한 나머지 1500점에서 선택형은 375점, 사례형은 750점, 기록형은 375점이다. 마찬가지로 사례형이 배점이 가장 크다. 좀 더 세분하자면, 공법의 경우 선택형이 100점(40문), 사례형이 200점(1·2문), 기록형이 100점이다. 형사도 마찬가지다. 민사의 경우 선택형이 175점(70문), 사례형이 350점(1·2·3문, 1문이 150점), 기록형이 175점이다. 선택법은 80점씩 1·2문으로 되어 있다. 한편 선택형 1개의 배점은 2.5점이다.

선택형과 사례형, 기록형이 위와 같이 배점이 정해진 이유는 변호사시험법 시행령 제8조 제2항 별표3에서 그렇게 정했기 때문이다.

민사법이 공법·형사법보다 배점이 큰 이유와 선택법이 160점인 것은 마찬가지로 동조 제3항 별표4에서 그렇게 정했기 때문이다.

여러분들은 공법·형사법·민사법 및 선택법의 사례형과 기록형이 환산점수로 들어간다는 말을 들어본 적이 있을 것이다. 이는 변호사시험법 시행규칙 제5조 및 제6조에서 정하고 있다. 환산점수 방법은 그렇다는 것은 선택형은 환산점수가 적용되지 않는다는 것인데, 이 말은 맞은 개수대로 그대로 점수로 들어간다는 것이다. 사례형이나 기록형은 점수가 조금 안 나오거나 더 나오더라도 결국 평균점수 근처에 있을 가능성이 높다.[13] 그러나 선택형은 맞은 개수대로 점수가 되기에 시험 합격에 절대적인 영향력을 행사하게 된다.

---

13) 물론 아주 못쓰거나 아주 잘쓰면 규격 외의 점수가 나오기도 한다. 특히 잘 쓴 경우, 선택형 몇 개 더 맞은 효과를 보이기도 한다.

제4장 법조윤리시험

1. 법조윤리시험이란?

 법조윤리시험은 변호사시험에 응시하기 위해서는 반드시 미리 합격해야 하는 시험이다. 예전 사법시험 시절에는 사법연수원에서 법조윤리를 공부하였다. 그러나 변호사시험에서는 변호사가 되기 전에 미리 법조윤리를 공부하는 것으로 바뀌었다.

 앞서 본 것처럼 변호사시험법 및 시행령에서 법조윤리시험에 대한 규정을 두고 있으며, 무엇보다도 변호사시험법 시행규칙 제7조의2 제5호에서 '법조윤리시험에 합격하지 아니하여 시험의 합격결정 대상이 되지 못하는 사람'을 채점 없이 불합격을 결정할 수 있는 경우로 규정하고 있다. 즉 반드시 법조윤리시험에 합격하여야 변호사시험을 준비할 수 있는 것이다. 한편 각 법학전문대학원에서 법조윤리에 관한 필수학점을 취득해야만 법조윤리시험에 응시할 수 있다.

 이처럼 법조윤리시험은 변호사시험을 응시하기 위해서는 반드시 합격을 해야 하는 시험인데 보통은 1학년 때 합격을 해둔다. 난이도는 회차별로 편차가 있는 편이나, 보통 90퍼센트 대에서 결정된다. 법조윤리시험은 총 40문제로, 70% 이상(즉 28개)을 맞으면 합격이 결정되는 절대평가시험이다. 역대 합격률은 다음과 같다.

연도	지원자	응시자	합격자	합격률(%)
제1회(2010)	1,956	1,930	1,919	99.43
제2회(2011)	2,170	2,124	1,571	**73.96**
제3회(2012)	3,231	3,182	3,107	97.64
제4회(2013)	2,464	2,430	1,858	**76.46**
제5회(2014)	2,863	2,816	2,444	86.78
제6회(2015)	2,463	2,422	2,328	96.12
제7회(2016)	2,212	2,188	2,149	98.21
제8회(2017)	2,047	2,007	1,192	**59.39**
제9회(2018)	2,892	2,863	2,724	95.14
제10회(2019)	2,190	2,160	2,053	95.05
제11회(2020)	2,167	2,129	1,981	93.05
제12회(2021)	2,299	2,256	2,177	96.50
제13회(2022)	2,171	2,128	2,047	96.19

출처: 법무부 및 언론보도자료

위 표에서 알 수 있다시피, 대체적으로 합격률이 90%대이다. 그런데 2회차와 4회차, 8회차때는 합격률이 유독 낮은 것이 눈에 띈다. 저자가 시험을 준비한 때에는 9회차(2018년)인데, 그때에는 '짝수회의 저주'라는 말이 있었다. 6회차를 제외한 짝수회차에 유독 합격률이 낮았기 때문이다. 특히 8회차는 너무하다 싶을 정도로 합격률이 낮았다. 왜 그렇게 어렵게 냈었나 이해가 되지 않는 부분이다. 그래도 9회차 이후에는 대체적으로 95%대의 합격률을 유지하고 있어 어느 정도 궤도에 올라선 것으로 보인다.[14]

---

14) 물론 방심해서는 안 된다.

2. 법조윤리시험 준비

　법조윤리시험은 앞서 말한 것처럼 보통 1학년때 준비한다. 7월 초순경에 보는데, 1학년 기말고사가 끝나고 바짝 준비해서 시험을 보는 편이다. 보통 1~2주 정도 준비하는 것 같다. 보통 강사저를 사서 준비하는데, 강의도 같이 듣는게 효율적이다. 물론 혼자서 준비할 수도 있겠지만, 효율을 위해서는 강의를 하나 듣는 것이 좋다. 물론 기말고사 끝나고 준비하는 시험인 만큼, 정말 할 맛 안 나긴 한다. 그러나 2학년이나 3학년 때 법조윤리시험을 준비하는 것은 말이 안되니 1학년 때 합격해두자.

　법조윤리시험도 다른 법학 과목처럼 그다지 재미는 있지 않다. 오히려 단순암기라서 더 재미없을 수도 있다. 오래끌면 힘들다.

3. 법조윤리시험의 내용

사실 1학년때 준비하기에는 다소 빡센 시험이긴 하다. 법 자체에 대한 기본적인 이해가 있어야 내용을 이해할 수 있기 때문이다. 보통 「변호사법」의 내용을 다루게 된다. 구체적으로 보면, 변호사의 지위와 직무, 개업과 법무법인의 종류와 책임, 이익충돌회피, 변호사의 보수와 광고, 징계와 벌칙, 마지막으로 외국법자문사[15], 법관과 검사의 윤리 등이 있다.

생각보다 양이 많고 외울 것도 많다. 안 그래도 외울게 많은데 아직 법에 대한 이해가 없을 때라 단순암기 말고는 할게 없다. 따라서 대충 준비하면 다음 시험을 준비하게 될 것이다. 그러니 빡세게 준비해서 한번에 붙자. 남들이 하는 만큼만 하면 웬만하면 붙는다. 걱정하지 말고 준비하자.

---

[15] 우리나라에 외국변호사라는 직업은 없다. 외국법자문사가 변호사법상 맞는 표현이다.

PART 02
변호사시험 준비방법

▶□◀▷▶□◀▷▶□◀▷
변 호 사 시 험 위 키

> 변호사시험이 어떤 것인지 지금까지 알아보았다. 사실 1편은 정말 재미없는 내용이기도 하고 크게 중요한 부분도 아니다. 지금부터가 중요한 내용이다. 준비방법을 알아야 준비를 할 수 있지 않을까? 저자가 생각하는 변호사시험 준비방법에 대해 한번 알아보자

제1장 법학이란 무엇일까

1. 법이란 무엇일까

  법을 정의하는 여러 가지 말들이 있을 것이나, 일반적으로 '최소한의 도덕으로서 소속된 집단의 권력에 의해 강제되는 규범'이라고 한다. 이렇듯 법을 정의하는 표현이 있지만, 우리들에게 있어서 법은 '인생[1]'이라고 정의하고 싶다. 변호사가 되기 위해 법학전문대학원에 입학하여 변호사시험을 준비하고, 변호사가 되어 일을 시작하고, 나중에 변호사를 그만둘 때까지 어쨌든 우리는 법을 가지고 살아야 하기 때문이다. 직역 특성상 은퇴가 딱히 없기에, 그야말로 '죽을 때'까지 변호사로서 일하게 된다. 그렇기에, 변호사시험을 준비하는 우리의 입장에서도 법을 조금은 진지하게 대하는 것이 좋을 것 같다.

  한편 법은 사람의 인생을 결정짓는 역할도 한다. 법조문 또는 판결 등 법에 따른 결과가 많은 사람들을 웃고 울게 한다. 그리고 우리들 법조인들은 법과 일반 사람들을 매개하는 역할을 한다. 사람들이 사회 안에서 서로 살아가기 위해 정한 것이 법인데, 그 법 때문에 억울한 사람이 발생해서는 안 되기 때문에 그만큼 우리들의 역할이 중요하다. 법학을 처음 시작하는 입장에서, 좀 더 법에 대해 진지하게 다가갔으면 한다.

---

[1] 이라 쓰고 '희노애락'이라고 하고 싶다. 상대성이 있기 때문이다.

2. 수험법학

수험법학은 뭔가 대단한 것이 아니다. 바로 우리가 변호사시험을 준비하면서 공부해야 할 법학인 것이다. 수험법학도 법학의 일부분이다. 수험법학은 실무와는 조금 다른 방식으로 접근해야 할 것이다. 왜냐하면 시험에서 나오는 것과 실제 실무에서 사용되는 것은 조금 다르기 때문이다. 구체적으로 어떻게 다르냐고 물어보면, 가령 법리는 '원칙과 예외'의 방식으로 이루어진 경우가 있다. 실무에서는 사실 원칙을 더 많이 보게 된다[2]. 그러나 우리가 공부하는 것은, 즉 시험에서 나오는 것은 예외에서도 많이 나온다. 이것이 적절한 예시라고 볼 수 있을지 모르겠지만, 조금 다른 부분이 있다고 정도로 생각하자.

그래도 변호사시험은 예전 사법시험보다는 더 실무에 가깝다고 생각한다. 사법시험을 준비해 본 적은 없지만, 공부할 때 사법시험 선택형과 사례형을 여러번 풀어본 적이 있다. 실무와 동떨어진 부분이 있는 사법시험을 개선해서 시행하는 시험이다보니 변호사시험이 좀 더 실전적이라고는 볼 수 있을 것이다. 가령 학설이나 책의 구석진 내용에서 덜 출제하는 경향이 있다. 기록형이 변호사시험에만 있는 것도 같은 이유일 것이다.

---

[2] 물론 예외 부분을 주장하는 경우도 적지는 않다.

제2장　변호사시험을 준비하기 앞서

_ 개념을 정확하게 알자

어느 학문이나 개념이 중요하지 않은 것은 없을 것이다. 법학도 마찬가지이다. 내가 지금 공부하는 것이 무엇인지 알고는 해야 하는 것이다. 너무나도 당연한 것 같지만, 의외로 개념을 잘 안 챙기는 경우가 많다. 단순히 책만 보게 된다면 그런 경우가 많다. 책을 볼 때도 정확하게 내가 무엇에 대해서 공부하는지 생각하면서 해야 하는 것이다.

개념 중에서도 특히 '정의[3]'에 대해서 신경써야 한다. 정의는 사례형에서 기재할 내용이기도 하지만, 그 개념에 대해서 한 문장으로 정리한 것에 해당한다. 따라서 정의를 정확하게 숙지해야 내가 무엇을 공부하고 있는지 알 수 있는 것이다.

그런데 사실 법학이라는 과목은 매우 어렵기에 무엇이 개념인지도 잘 파악이 안 될 수 있다. 그럼에도 일단 공부를 시작할 때 '개념을 파악해보자'라고 생각을 하고 시작하는 것과 그냥 읽기 시작한 것은 다른 종점을 맞게 될 수도 있다. 그렇게 생각하면서 하다 보면 자연스럽게 개념을 파악하게 될 것이다.

---

[3] 어떤 개념에 있어서는 의의에 해당하는 것일 수 있다.

또한 개념은 사례형 시험에서 실제로 답안지에 현출해야 하는 내용일 수도 있다. 개념을 먼저 설시해 준 후 법리를 기재하는 형태의 답안형태도 많다.

앞서 개념이란 말은 정말 많이 했다. 그만큼 개념은 중요한 것이다. 개념을 정확하게 파악하지 않고 공부하게 되면 공부를 해 놓고도 내가 무엇을 했는지 모르게 된다.

_ 개념별로 구분해서 이해하기

법학은 비슷한 개념들이 정말 많다. 가령 영장주의의 예외로서 긴급체포와 현행범인체포가 있는데, 이 둘의 개념을 정확하게 구분해서 이해하지 않는다면 두 개념이 짬뽕되서 머리에 남는다.[4] 그렇게 되면 현행범인체포의 개념을 긴급체포의 개념으로 잘못 알고 지나갈 수도 있다. 또한 긴급체포된 자에 대한 압수수색[5]과 체포현장에서의 압수수색, 범죄장소의 압수수색도 마찬가지인데, 각 개념을 구분해서 공부하지 않으면 서로 개념이 혼동되기도 하고, 요건이나 학설, 사후영장 시간제한 등도 헷갈리게 된다. 그리고 이렇게 잘못알고 있는 내용들은 두고두고 우리들을 힘들게 한다.

대표적으로 사례형에서 쓸데없이 내용이 길어지는 경우가 있다. 사례형에서 분량을 초과해서 쓰게되는 경우로서 해당 논점을 잘못

---

4) 사실 머리에 잘 남지도 않는다.
5) 검증도 있다.

짚어서 그런 경우도 있지만, 논점을 찾아 놓고도 해당 논점에 대한 개념을 정확하게 알지 못해서 마치 '모내기하는 것처럼' 뭐 하나라도 얻어걸리자는 심정으로 이 내용 저 내용 다 가져다 쓰게 된다. 아니면 이 내용을 써야 하는데 저 내용의 개념이 혼재되어서 써지기도 한다. 간혹 다른 내용을 적기도 한다. 당연히 해당 배점은 이 내용만 쓰길 바라면서 한 것인데 이것저것 다 가져다 쓰게 되면 배점을 초과해서 쓰게 되는 것이다. 그런데 채점자 입장에서는 이게 대번 보인다. '수험생이 이 개념을 잘 모르고 썼구나'라는 것이 금방 티난다. 뭐 결국은 공부가 부족해서 그렇게 되는 것이지만, 시간을 충분히 투자했음에도 그렇게 써진다는 것은 해당 부분에 대하여 다른 개념과는 구분하여 정확한 이해 또는 공부가 되지 않았다는 것이다.

앞서 든 예로 다시 말하면, 문제에서 물어본 것은 범죄장소에서의 압수수색에 대한 것인데, 이걸 물어본다는 논점은 파악했지만 다른 압수수색에 대한 개념과 정확하게 구분하여 공부한 것이 아니라면 학설에는 체포현장에서의 압수수색의 내용인 '체포와의 시간적 접착성'을 쓰고 있고, 사후영장청구에는 긴급체포된 자에 대한 압수수색에 대한 내용인 '체포한 때로부터 24시간 내'에 해야 한다고 쓰게 될 수 있다.

민법도 책을 보다 보면 다 그게 그거인 것처럼 느껴진다.6) 사실 민법뿐만 아니라 상법, 공법, 민사소송법7) 등 가릴 것 없이 다 그

---

6) 처음 공부하면 물권과 채권도 서로 구분이 잘 안될 수 있다.

렇긴 하다. 그래서 법학 공부가 더 어려운 것 같다.

이처럼 법학에는 비슷한 개념들이 수두룩하다. 정신 똑바로 안 차리고 공부하면 다 그게 그거인 것처럼 느껴진다. 그러니 처음 공부할 때부터 정확하게 개념을 파악하고, 그 개념별로 내가 무엇에 대해 공부하는 것인지 알고 하자.

저자가 형사재판실무를 듣던 중 강의하던 교수님[8]이 하신 말이 지금도 기억난다. 정확한 개념을 파악하지 못하고 공부를 하게 되면 주화입마에 빠진다고 하셨다. 지금 내가 뭘 공부하는지도 모르고 혼돈에 빠진 상태에서 공부를 하고 있는 것 정도로 번역할 수 있겠다. 이 주화입마에 빠지지 않게 개념을 정확히 알고 공부하자.

_ 선행 VS 복습

솔직히 선행이 중요하냐 복습이 중요하냐는 무 자르듯이 딱 정해지는 것이 아니다. 결국 둘 다 해야 하기 때문이다. 그런데 1학년의 경우 말이 조금 다르다. 법을 처음 공부하는 단계이고, 학교에서 진행되는 모든 과목에 대해 선행을 진행할 수 없기 때문이다.[9] 여기서 선행이라고 하는 것은 학교수업에 대비하여 학기 전 미리 전체 내용을 준비하는 것을 말한다.

---

[7] 특히 병합소송 부분은 7법 중에서도 최대의 난제 부분이다.
[8] 사법연수원 박광서 판사님이셨다.
[9] 물론 할 수 있으면 좋다.

기본적으로 민법은 절대적으로 선행이 필요하다. 사실 학교 들어가기 전부터 준비하는 과목이다. 민법은 입학 전부터 준비해서 변호사시험장에 들어갈 때까지 해도 부족한 과목이다. 그래서 최대한 빨리 시작하면 좋다.

여기서부터는 지극히 개인적인 의견이다. 사람마다 당연히 의견이 갈릴 수 있는 부분이다. 그러니 참고 정도만 하면 좋을 것이다. 일단 선행을 하냐 안 하냐 차이는 '내가 해당 수업을 바로바로 소화해 낼 수 있냐'는 것일 것이다. 따라서 학교 수업10)만 듣고도 해결될 수 있는 수업이 있다면 상대적으로 가볍게 수업에 임할 수 있을 것이다. 그런데 학교 수업만으로는 해결이 되지 않는 과목이거나 애초에 한 학기만에 소화가 안 되는 과목임에도 한 학기만에 끝내는 과목이 있다면 그 과목은 선행이 필요할 것이다. 또 내용 자체가 굉장히 어려워서 선행을 안하면 따라가기 힘든 과목이 있겠다. 개인적으로는 형사소송법이나 민사소송법 뒷부분(기판력이나 병합 쪽)은 반드시 선행이 필요하다고 본다.

선행의 방법은 여러 가지가 있다. 미리 1회독 이상을 할 수도 있고, 문제를 푸는 사람도 있을 것이며, 학원강의를 이용하는 사람도 있을 것이다. 개인적으로는 학원강의를 듣는게 좋다고 하고 싶다. 비용은 들지만 효율 면에서는 가장 크다고 본다. 자신에게 정말 잘 맞는 수업을 들으면 돈 값한다는 생각이 들 것이다.

---

10) 학교수업의 신뢰도는 일단 고려하지 않았다.

복습은 누구나 하게 된다. 다만 어떻게 하냐의 차이는 있다. 먼저 기본적으로는 학교 수업에 대한 복습을 생각해 볼 수 있다. 그런데 학교수업 말고도 개인적으로 따로 진도를 나가는 사람도 있다. 그런 경우에도 학교수업에 대한 기본적인 복습은 해 주는 것이 좋다고 본다. 당연히 학교 시험은 학교수업에 맞춰 나오기 때문이다. 학교 시험도 버릴 수 없는 부분이다. 혼자 오버해서 하다 보면 학교 수업과 시험을 모두 놓칠 수 있다.

복습의 방법도 여러 가지가 있을 것이다. 책을 정리한다던지 다시 한번 읽는다던지, 아니면 선택형이나 사례형을 풀어보는 경우도 있을 것이다. 모두 개인의 상황에 따라 다르겠지만, 선택형으로 하는 방법은 학교에서 따로 시험으로 나오지 않는 이상 자제하는 것이 좋아 보인다. 물론 내용 자체에 대한 복습효과는 있겠지만, 선택형은 나중에 따로 시간내서 볼 것이고, 지금 봐야 그때가서 기억도 잘 안난다.

어찌보면 당연한 말일 수 있다. 그래도 처음 아무것도 모르는 상황에서 조금이나마 도움이 될 수 있지 않을까 해서 적어봤다.

_ 이해가 먼저일까? 암기가 먼저일까?

이것도 참 영원한 논쟁 중 하나인 것 같다. 깻잎논쟁의 변호사시험 버전이 아닐까 한다. 개인적으로는 이해가 선행이라고 생각한다. 그런데 법학이라는 과목은 이해조차 하기 어려운 경우가 많다.

그러다보니 억지로 일단 외우고 그 다음에 이해를 하는 부분들이 꽤 있다고 본다. 가장 대표적인 곳이 형법총론이다. 처음 법학을 시작하는 사람들의 대부분은 형법총론 부분이 이해가 잘 안될 것이다. 그래서 일단 저자는 약대다닐 시절처럼 일단 무작정 외워봤다. 이유는 몰라도 되었다. 일단 외워놓고 그다음에 이해하는 것이다. 물론 이후에는 이해를 해야 암기가 되는 것이 대부분이었다. 그러나 해도 안되는 부분은 있었다. 그런 부분은 일단 외울 수밖에 없었다.

물론 사람마다 성향이 다르다. 암기파의 경우 외워놓고 이해하는 스타일일 수 있고, 이해파의 경우 일단 이해해놓고 외우는 스타일일 수도 있다. 저자는 암기를 정말 못한다. 굳이 따지자면 이해파에 가깝다. 그럼에도 일단 외울 수밖에 없는 부분이 있었다. 일단 학교 시험을 봐야 했기 때문이다.

사실 이해와 암기는 서로 상호보완적이라고 본다. 이해를 해야 암기가 쉬워지고, 암기를 해야 이해가 잘 된다. 즉 무엇이 먼저인지는 딱 정해져있지는 않다. 그러나 사람마다, 그리고 해당 과목과 상황마다 조금씩 그 우선순위는 다를 수 있다.

이 분쟁 역시 영원히 답은 나오지 않을 수 있다. 그러나 사실 자신에 맞는 답은 있을 수 있다. 자신만의 답을 찾는 것도 중요하다. 법학은 지금까지 내가 해 왔던 학문과는 다를 수 있다. 기존의 자신의 방법이 무엇이었든 법학에 맞는 '본인의 정답'을 찾아보자.

제3장 변호사시험 준비하기

1. 변호사시험공부를 시작하기에 앞서

_ 마음가짐

이 책을 보는 절대다수는 변호사시험을 준비하기 위해 이미 법학전문대학원에 입학한 학생이거나 입학 예정인 사람일 것이다. 그렇다면 변호사시험을 준비하기 위한 최소한의 요건은 갖추었다고 볼 수 있다. 다만 아직 마음가짐까지 준비되었다고 볼 수는 없다. 그렇다면 변호사시험을 준비하기 위한 마음가짐은 무엇일까?

처음 법학전문대학원에 입학해서 '나는 3년만에 학교를 졸업하고 변호사시험에 합격할 거야'라고 생각하지 않는 학생은 없다. 즉 누구나 한번에 변호사가 될 것을 꿈꾸고 입학한다. 그러나 현실은 그렇지 않다. 아래 표를 보자.

연도	지원자	응시자	합격자	합격률(%)	합격점수
제1회 (2012)	1,698	1,665	1,451	**87.14**	720.46
제2회 (2013)	2,095	2,046	1,538	75.17	762.03
제3회 (2014)	2,432	2,292	1,550	61.62	793.70
제4회 (2015)	2,704	2,261	1,565	61.10	838.50
제5회 (2016)	3,115	2,864	1,581	55.20	862.37
제6회 (2017)	3,306	3,110	1,600	51.44	889.91
제7회 (2018)	3,490	3,240	1,599	**49.65**	**881.90**
제8회 (2019)	3,617	3,330	1,691	50.78	905.55
제9회 (2020)	3,592	3,316	1,768	53.30	900.29
제10회 (2021)	3,497	3,156	1,706	54.06	895.85
제11회 (2022)	3,525	3,197	1,712	53.55	896.80

출처: 법무부 및 언론보도

지금까지(2023년 현재) 변호사시험 합격률이다. 초창기는 합격률이 높았으나 현재는 대략 50% 정도가 합격한다. 즉 전체 응시자 중 절반만 합격하는 시험이라는 것이다. 물론 재학생 초시의 합격률 실제 응시자 기준 70% 정도는 된다고 한다. 또한 학교마다 합격률이 다를 것이다. 그래도 일반적으로는 절반만 붙는 시험이다.

그런데 변호사시험을 준비하는 사람들은 우리나라에서 공부로는 날고 긴다고 하는 사람들이다. 지금까지 적어도 공부에 있어서는 결과를 낸 적이 있는 사람들 속에서 변호사시험을 준비해야 하는 것이다. 즉 나만 공부를 잘했던 사람이 아니라는 것이고, 이들 사이에서 절반 이상에 들어야 하는 시험인 것이다.

당연하다면 당연한 것이, 그런 사람들 속에서 변호사시험에 합격하기 위해서는 죽을 듯이 공부해야 한다. 고승덕 변호사도 "고시는 죽을 힘을 다해야 한다"고 한다고 말한 적이 있다. 물론 사람마다 정도의 차이는 있을 것이나, 보통의 변호사시험을 준비하는 수험생이라면 정말 열심히 해야 한다. 놀러다닐 틈이 없다. 법학전문대학원 3년은 내가 돈과,시간과 인생을 바쳐 변호사가 되기 위해 투자하는 기간이다. 그 시간이 헛되지 않기 위해서는 허투루 쓰는 시간 없이, 죽을 듯이 공부를 해야 한다.

우리는 법학전문대학원에 다니면서, 누가 "직업이 뭐에요?"라고 물어보면 "학생입니다"라고 대답할 것이다. 즉 직업이 '변호사시험을 준비하는 학생'인 것이다. 즉 우리는 이미 공부벌레이거나 공부기계가 되어야 하는 사람들이다.

우리 주변에는 우리만 바라보고 지원을 해주는 사람들이 있지 않은가? 그분들을 위해서라도 우리는 오늘도 공부를 해야 한다.

_ 변호사시험을 합격하기 위한 3가지 요건

개인적으로 저자가 생각하는 변호사시험에 합격하기 위한 3가지 요건이 있다. 그건 ①『능력(머리)』② 『공부방법』③ 『공부시간』에 해당한다. 먼저 능력의 경우에는 보통 법학전문대학원에 입학할 정도라면 문제가 되지 않을 것이라고 본다. 문제는 공부방법과 공부량인데, 변호사시험에 맞는 공부를 해야 된다는 것이다. 즉 수험적합성(변시적합성) 높은 공부를 해야 한다는 것인데, 공부방법에 문제가 있다면 그만큼 효율이 나오지 않는 것이고, 때에 따라서는 정말 공부량11)을 많이 가져가도 합격하기 어려울 수 있다.

_ 공부 방법의 중요성

속담에 '공든 탑이 무너지랴'라는 말이 있다. 이는 그만큼 노력을 하면 결과가 따라온다는 것이다. 저자는 적어도 수험에서는 맞지 않는 말이라고 생각한다. 지금까지 수많은 시험을 겪어보면서 정말 열심히 하지만 결과가 따라오지 못한 사람들을 많이 봐왔다. 이건 변호사시험도 마찬가지다. 나름 한가닥? 하는 사람들이 모여 준비하는 시험인 만큼, 잘못된 방법으로 공부를 하는 것은 그만큼 위험하다.

---

11) 공부량에 대해서는 제4편(2) 순공8시간에서 설명하고 있다.

가령 서울에서 부산을 내려간다고 가정하자. 가장 빠른 길은 당연하게도 경부선을 따라 아래로 내려가는 것이다. 그런데 만약에 동쪽으로 간다면? 아니면 서쪽으로 간다면? 당연히 부산이 나오지 않는다. 지구 한바퀴를 도는 거리를 간다고 해도 돌아오는 결과는 서울로 돌아오는 것이다. 북쪽으로 가는 경우에는 잘하면 부산이 나올 수 있을 것이다. 물론 지구를 한바퀴 돌아야 하는 만큼 온갖 역경을 거친 후겠지만 말이다.

고시3관왕인 고승덕 변호사 역시 처음에 사법시험을 준비할 때 몇 달동안 방법을 찾지 못해 고생을 한 적이 있었다고 한다. 바꾸어 말하면 그 공부방법을 찾고 나니 고시3관왕에 이를 수 있었다는 것이겠다. 공부방법에 대한 여러 책을 펴낸 박철범 변호사 역시 본인의 저서에서 비슷한 말을 한 적이 있다.

저자는 법학전문대학원에 입학한 후로 계속하여 '무엇이 변호사시험에 맞는, 수험법학을 잘하기 위해서는 어떻게 공부해야 할까'를 고민하였다. 그래서 입학하기 전에도 아는 법전원 출신 변호사나 선배한테 물어보고 다녔고, 입학한 후에도 알게 된 선배들한테 계속해서 물어보고 다녔다. 과연 무엇이 수험적합성이 높은 공부일까를 고민하였다. 그래서 나름 내린 결론이 있었고, 이를 여기서 전달하고자 한다.

2. 변호사시험 공부방법

여기까지 온 사람들은 대부분 공부를 잘했던, 나름 공부에 자신이 있는 사람들이다. 그렇기에 기본적인 공부방법은 따로 말할 필요는 없을 것이다. 자신만의 공부방법도 있을 것이다. 그래도 변호사시험을 준비할 때 도움이 될 수 있겠다고 생각하는 몇 가지를 소개하고 싶다.12)

공부에 왕도(王道)는 없다고 한다. 그러나 정도(正道)는 있다고 생각한다. 나한테 맞는 정도를 찾아보자.

2-1. 수험서에 대해서

시중에는 수많은 수험서가 있다. 그중에서 내가 3년 동안 볼 책은 한정되어 있다. 그렇다면 내가 변호사시험을 위해 볼 책들에 대해서 알아볼 필요는 있을 것이다. 크게 수험서를 나누자면, 기본서, 사례집, 핸드북, 선택형을 위한 책 그리고 기록형을 위한 책 정도로 구분할 수 있다. 이 책들을 어떻게 활용하고 선택하는지 생각해보자.

---

12) 물론 저자보다 더 뛰어나고 수험적합성도 더 높은 방법을 알고 있는 사람들도 있을 것이다. 다만 예전에 학교다니면서 정리했던 방법들 중에 도움이 되었으면 하는 생각에서 소개해본다.

(1) 기본서에 대해 알아보자

_ 기본서가 뭘까요

　법학전문대학원에 합격하면 일단 기본서부터 산다. 그만큼 기본서는 법학을 처음 시작할 때 알아보는 책이자, 결국 끝까지 보지는 못하는 책이다. 그럼 기본서는 무엇인가 알아보자.

　기본서는 해당 과목에 있어 변호사시험에 필요한 대부분의 내용이 담겨있는 책이다. 그러다 보니 양도 방대하고, 지엽적인 부분도 있다. 그러다 보니 보통 처음 그 과목을 시작할 때 몇 번 펼쳐보다가 결국 책장 한 켠에 꽂혀있는 기본서를 보게 된다. 그럼 내가 잘못된 것인가? 하는 생각도 든다. 과연 그럴까?

　기본서를 끝까지 가지고 가면 좋다. 해당 과목에 대한 대부분의 내용이 있기 때문에, 기본서 안에 있는 내용을 다 알면 당연히 그 과목은 마스터한 것이다. 그런데 그게 말이 되냐는 다음 일이다.

　민법 기본서는 일반적으로[13] 1000쪽 언저리에 맞춰져 있다. 수험생의 심리적 마지노선이 1000쪽이라 일부러 맞췄다는 말도 들린다. 물론 1000쪽을 훌쩍 넘는 책도 있으며 한참 안되는 책도 있긴 하다.

---

13) 강사저를 기준으로 한다. 교수저는 2000여쪽에 육박한다!

_ 기본서 활용법

그럼 기본서는 어떻게 활용해야 하는 것일까? 법학전문대학원에 들어가면 '회독수'라는 말을 많이 한다. 해당 책을 몇 번 돌렸냐는 것이다. 기본서는 분량이 많다 보니 회독수가 많기 어렵다. 보통 그 과목을 처음 시작할 때 한번14), 복습할 때 한번, 시간 날 때 한 번 해서 세 번 정도 본다. 사실 세 번도 많이 본 것이다. 학년이 높아질수록 볼 시간이 없기에 2학년 때 시작하는 과목은 세 번도 못 본다.

세 번도 못 보는게 자랑이냐 할 수 있지만, 해보면 안다. 민법이나 형법 정도가 세 번을 본다. 그 이후에는 책장에 조용히 꽂아 두었다가 궁금한 게 나오면 찾아보는 용도로 쓰인다. 즉 사전의 역할을 담당하게 된다.

기본서를 볼때에는 어떻게 봐야 하는 것일까? 한번 볼 때 1개월 이상이 걸리는 만큼, 다음에 다시 볼 때 무엇을 중점적으로 볼지 표시를 하는 것이 어떨까 한다. 저자의 경우, 볼 때마다 다른 펜을 사용하여 표시를 하였다. 즉 회독수마다 다른 색과 표시를 한 것이다. 성격이 그래서 그런 것일까? 저자는 책을 볼 때 굉장히 화려하게 표시를 한다.15) 펜으로 줄을 그을 때도 자를 대고 그었다. 중요한 정도에 따라 색을 다르게 해서 형광펜을 그었다.

---

14) 강의를 듣는다면 강의듣는 것도 한번 포함해서 회독수가 늘어날 수는 있다.
15) 그냥 이건 사람 성향인 것이다. 꼭 이렇게 화려하게 할 필요는 없고, 자신만의 방법으로 표시정도 하는 것도 충분하다.

이렇게 표시를 해 둔 책은 다음에 다시 볼 때 가독성이 점점 높아졌다. 또한 나중에 다시 찾아볼 때 위치가 더 잘 기억이 났다. 그리고 그때 다시 표시해 둔 내용은 해당 부분을 다시 찾아볼 때쯤 내 것이 되어 있었다. 즉 미래의 나를 위해 지금 여기에 표시를 하는 것이다. 나중에 해당 부분에 대한 기억이 전혀 없는데, 찾아보면 기가막히게 별표가 쳐져 있는 것을 보고 있는 자신이 그려지지 않는가?

어디에 어느 내용이 있는지 아는 것이 가장 먼저다. 해당 내용을 이해하는 것은 3년 동안 하면 된다. 나중에 다시 책을 볼 때 해당 내용을 찾아갈 정도면 된다. 그러니 기본서를 볼 때 너무 힘 빼지 말자.

사람이 세 번 봤다고 해서 그 책의 내용을 다 안다면 그 사람은 이 책을 볼 필요가 없는 사람인 것이다. 그러니까 기본서 몇 번 봤다고 자만하지 말고, 반대로 몇 번 봤는데 기억이 남는게 없다고 좌절할 필요도 없다. 기본서는 다음 단계에서 볼 책들을 위해서 여기에 남겨두는 책인 것이다.

_ 기본서의 종류는?

크게 기본서는 교수저와 강사저로 구분할 수 있겠다. 교수저는 말 그대로 교수님이 집필한 책이다. 대표적으로 민법 기본서 중 연세대의 김준호 교수님 저와 고려대의 지원림 교수님 저를 들 수 있다. 이러한 교수저는 후술할 강사저보다 내용이 방대하다. 물론 학술적인 내용도 깊다. 그러다 보니 양이 부담될 수도 있다. 그런데 간혹 시험에 필요한 부분이 부족한 경우도 있다. 엄밀히 말하면 모든 교수저가 변호사시험 공부하라고 집필한 책은 아니기 때문이다. 보통 법학전문대학원 교수님들이 교수저들을 사용하신다.

강사저의 경우, 학원에서 일하시는 강사분들이 집필한 책이다. 거의 대부분은 자신들이 강의에 활용하기 위해서 집필한 것이기에, 해당 강사의 강의를 듣기 위해서는 그 책을 살 수밖에 없다. 한편 주어진 시간 동안 강의를 해야 하고, 학생의 선택이라는 경쟁이 있기 때문에 대부분은 분량이 교수저보다 적다. 반면 내용은 변호사시험에 필요한 것들은 거의 다 들어있다. 그런데 페이지 수를 조절하다 보니 다소 가독성이 떨어지게 집필되는 경우가 있다. 즉 해당 강의를 듣지 않으면 이해가 어려울 수 있다. 필요한 부분만 적혀 있다보니 관련된 강사의 부연설명이 없으면 해당 부분을 이해하기 어려운 것이다.

교수저와 강사저, 둘 중 어느 것을 선택하는지는 본인의 몫이다. 장단점이 확실하기 때문이다. 다만 본인이 반드시 강의를 들어야 하겠다는 과목은 강사저를 보는 것이 낫다. 개인적인 의견인데, 결국 나중에는 핸드북으로 갈아타고, 현실상, 그리고 수험적합성 측면에서도 교수저 보다는 강사저가 책에 대한 연계 측면에서[16] 낫지 않을까 한다.

---

[16] 기본서와 핸드북이 같은 저자인 경우이다.

__ 그럼 기본서를 결국 봐야 하는 것인가?

시간상 기본서를 많이 보기는 어렵다. 그러나 해당 과목에 있어 대부분의 내용을 체계적으로 다루고 있는 만큼, 다른 책들보다는 전반적인 이해에 도움이 되므로 많이 볼 수 있으면 좋다. 그러나 현실적으로는 해당 과목을 처음 접할 때 말고는 따로 시간을 내서 보기는 어렵다. 결론적으로는, 볼 수 있을 때 최대한 많이 봐 두자.

(2) 사례집에 대해 알아보자

__ 사례집은 무엇일까?

저자가 처음 법학전문대학원에 입학했을 때의 일이다. 저자는 이 공계를 전공했기에 법학에 대해서는 1도 몰랐다. 변호사시험 과목에 뭐가 있는지도 몰랐으니 말 다했다. 그런데 1학년 1학기 중간고사를 볼 때쯤, 한 교수님이 사례형 시험을 출제하신다고 하셨다. "도대체 사례형이 뭐지?"하는 생각이 들었지만 별거 아닐거라 생각하고 자신있게 시험장에 들어갔으나[17] 결국 백지를 내고 나오게 되었다. 나중에 사례형을 어떻게 준비해야 할지 사법시험 경험이 있는 동기형님께 물어보니, 사례집을 가지고 공부해야 한다고 말씀하셨다. 그렇다. 사례집은 기본적으로 사례형을 위한 책이다. 다만 책마다 목적은 조금씩 다르다. 이건 또 무슨 소리일까?

---

17) 지금 생각하면 무슨 자신감이었는지 모르겠다.

_ 사례집의 종류는?

 사례집은 크게 '개념을 위한 사례집'과 '사례를 위한 사례집'으로 구분할 수 있다. 먼저 시중에 있는 사례집을 보면, 해당 사례문제에 있어 관련된 모든 내용을 다 담고 있다. 즉 실제로 현출할 수 없는 분량이 담겨있는 것이다. 이건 해당 논점에 대한 해설을 기재하고 있는 것이기 때문에 사실상 하나의 '개념서'라고 볼 수 있다. 사법시험 기출부터 변호사시험, 모의고사 등의 문제들을 거의 다 다루고 있기에 막말로 이것만 봐도 웬만한 논점은 다 공부할 수 있다. 실제로 우리가 중점적으로 공부할 책이 이러한 사례집일 수 있다. 그렇기에 우리가 실제 시험에서 쓸 수 있는 분량의 150% 이상을 담고 있다. 솔직히 그런 사례집의 저자도 실제로 해당 문제가 나오면 그렇게 못 쓸 것이다. 그러니 "내가 이걸 어떻게 다 쓰지?"라는 걱정은 하지 않아도 될 것이다.

 반면 '사례를 위한 사례집'이 있다. 이러한 사례집은 상대적으로 종류가 적긴 하다. 간혹 강사들이 '실제로 현출할 수 있는 분량'을 제시하기 위한 목적으로 집필하는 경우가 있다. 대표적인 예로는 장원석 변호사의 『상법 작은 변사기』를 들 수 있다. 원래는 『진도별 변시·사시기출 상법 사례연습[18]』이라는 사례집이 있다. 이 책은 앞서 말한 '개념을 위한 사례집'에 가까운 책인데, 이 책을 바탕으로 실제 현출할 분량으로 좀 더 간략하게 정리한 책이 『상법 작은 변사기』이다. 최근 강사들이 이러한 사례집을 점차 내고 있는

---

18) 사실 변사기 자체가 대표적인 개념을 위한 사례집이다.

추세19)다. 이러한 사례집의 경우 사례에 대한 '틀'을 잡기 좀 더 용이하다. 무엇을 얼마나 써줘야 한다는 것을 제시하고 있는 책들이기 때문이다.

그런데 위 두 가지 종류의 중간 정도의 위치에 해당하는 책이 있다. 분량도 적으면서 설명도 풍부한 그런 사례집이다. 대표적으로 이재상 박사의 『새로 쓴 로스쿨 진도별 형법사례 답안지 핸드북』을 들 수 있다. 사례형 책처럼 구성되어 있지만 개념을 설명해주는 느낌도 있다.

저자의 이런 구분 외에도 '진도별 사례집'과 '회차별 사례집'으로 구분할 수도 있다. 이건 보편적인 방법인데, 대부분의 사례집은 진도별 또는 사례집의 형태를 가지고 있다. '진도별 사례집'은 말 그대로 해당 과목의 진도 순서대로 문제의 논점을 쪼개서 배치한 것이다. 반면 '회차별 사례집'은 변호사시험과 모의고사 문제를 각 회차별로 통으로 배치한 방식이다.

사실 위와 같은 분류는 크게 의미가 없을 수도 있다. 단지 저자가 3년간 공부하면서 나름대로 분류해 본 방식에 지나지 않을 수 있다. 그러나 적어도 사례집을 고를 때 있어서 하나의 기준이 될 수는 있지 않을까 한다. 내가 선택한 사례집의 막대한 기재분량에 겁을 먹거나 '이걸 언제 다하지' 하는 걱정을 덜어주고, 나아가서 사례집을 선택할 때 도움이 되었으면 한다.

---

19) 최근에 학연에서 『작은 변사기』 시리즈를 출판한 것도 이와 무관하지 않은 것 같다.

_ 사례집을 보는 이유[20]

그렇다면 우리가 사례집을 보는 목적은 무엇일까? 먼저 '개념을 위한 사례집'을 보자. 사례집에 실린 문제들은 대부분이 변호사시험 기출이나 모의고사, 또는 사법시험의 사례형 기출들이다. 즉 먼저 기출문제를 학습한다는 목적이 있을 수 있다. 기출문제의 중요성은 뒤에서 따로 서술할 예정이지만, 기출이 중요한 거 모르는 수험생은 없을 것이다.

다른 목적으로는, 사례집의 논점을 통한 해당 과목 내용의 입체화이다. 무슨 뜻이냐면, 사례집은 분량이 충실하지만 아무래도 기본서보다는 양이 적은데 그 이유는 사례형에 출제되는 논점은 중요한 내용을 출제한 것이고, 해당 과목에 있어서도 중요한 법리라는 것이다. 즉 사례집의 논점을 공부하다 보면 해당 과목에 있어 중요한 부분과 상대적으로 덜 중요한 부분을 구분할 수 있게 된다. 반대로 해당 내용을 공부할 때 출제될 수 있는 내용을 논점별로 구분할 수 있게 되는 것이다. 이는 뒤에서 설명할 '사례의 중요성'과 맞닿아있다. 간단하게 말하자면, 중요한 것만 모아놓은 것이라고 보면 된다.

'사례를 위한 사례집'은 목적이 단순하다. 해당 논점을 실제로 어떻게 써야 하는지 알려주는 것이다. 이는 뒤에서 서술할 사례공부방법에 있어, '틀'을 잡을 때 좀 더 도움이 된다. 그리고 해당 논점

---

[20] 사례를 공부하는 이유와는 조금 다르다.

이 출제되었을 때 어떻게 써야 할지 학습하는데 도움이 되기도 한다. 좀 더 사례형을 준비하기 위한 책이라고 볼 수 있다.

마지막으로, '진도별 사례집'과 '회차별 사례집'에 대해서 알아보자. 먼저 가장 쉽게 접할 수 있는 책은 진도별 사례집이다. 사실 대부분의 사례집은 진도별 사례집이면서 '개념을 위한 사례집'이다. 말 그대로 논점을 진도별로 나열한 것이므로 개념학습에 도움이 된다. 회차별 사례집은 논점별이 아닌 각 변호사시험과 모의고사의 시험지를 그대로 옮겨놓은 것이다. 따라서 통으로 사례쓰는 것을 연습할 때 보기 좋다. 해당 회차 문제를 풀어보고 검토할 때 좋다는 것이다. 그러다보니 저학년때는 보기 어렵고, 실력이 쌓인 후 통으로 연습할 때 볼만하다. 물론 이건 어디까지나 저자의 일방적인 구분방법이므로, 실제 선택은 여러분의 몫이다.

_ 여담

저자가 학교 사례시험을 준비하기 위해 처음 사례집을 펼쳐보았을 때가 아직도 기억이 난다. 길준규 박사의 『행정법 사례연습』이라는 책이었는데, 정말 공부해야겠다는 생각보다는 이걸 진짜로 쓸 수 있을까? 하는 걱정부터 앞섰던 기억이 있다. 이 책은 '개념을 위한 사례집'이었던 것이다.

2학년 1학기에 학교 수업에서 한국외대 법학전문대학원 이창현 교수의 『사례형사소송법』을 가지고 수업을 했는데, 이 책을 가지고 공부하고 직접 문제를 풀며 현출하다보니 "아 이런 사례집은 '개념

을 위한 사례집'이구나"라는 생각이 들었다. 사실상 형사소송법에
대한 대부분의 내용이 들어있었기 때문이었다.

 3학년 올라가는 겨울방학때 서울에 있는 법문서적에 가볼 기회
가 있었다. 법문서적에서 이관형 변호사의 『COMPACT 변시 진도
별 민사소송법 사례연습21)』이라는 책을 보게 되었는데, 이 책의
서술방식은 지금까지의 사례집과는 다르게 현출할 수 있는 분량을
제시하고 있었다. '사례를 위한 사례집'이었던 것이다. 그렇게 사례
집을 분류할 수 있겠다는 생각이 들어 저자는 소장하고 있는 사례
집들을 분류하고 그 목적에 따라 사례집을 활용하였다. 나름 의미
있는 분류방법이 아닐까 한다.

 사실 '개념을 위한 사례집'으로도 사례형 준비를 잘하는 사람들
도 있고, '사례를 위한 사례집'으로도 개념을 잘 잡는 사람들도 있
다. 그냥 '이렇게도 사례집을 구분할 수 있구나' 정도로 알아줬으면
한다.

 '사례를 위한 사례집'도 상대적으로 분량이 적다는 것이지 다 현
출하기 어렵다. 그거 반만 써도 잘하는 것이다. 너무 걱정하지 말
고 공부하자.

---

21) 저자가 사례형 틀을 잡는데 도움을 많이 받은 책 중 하나이다.

(3) 핸드북, 그거 꼭 봐야돼?

_ 핸드북은 필수인가

저학년때 공부하다보면 문뜩 의문이 든다. 선배들이 하나같이 핸드북을 들고 있는 것을 보고서는, '핸드북을 꼭 봐야하나?'라는 생각이 들기 마련이다. 사실 그들도 핸드북을 보고 싶어서 보는 것은 아닐 것이다. 시간은 없지, 아는건 없지. 그래서 보는 것이다. 이거라도 봐야겠다는 생각이 들어서이다.

현실적으로 법학전문대학원 3년 동안 기본서를 볼 수 있는 시간은 많지 않다. 그렇기에 대부분 앞서 말한 '개념을 위한 사례집'과 핸드북을 바탕으로 공부하게 된다.

저자도 많은 핸드북을 보았다. 중요한 개념을 정리해놓은 핸드북부터 사례형 핸드북, 기록형 핸드북 등 종류를 가리지 않고 봤다.[22] 그만큼 핸드북은 우리와 떼놓을 수 없는 필수불가결인 것이다.

그렇다. 핸드북은 사실상 필수인 것이다.

_ 핸드북 선택은?

솔직히 핸드북은 나의 수험생활 마지막까지, 시험장까지 들고 갈 책이기 때문에 신중을 기해서 선택해야 한다. 그러나 답은 없다.

---

[22] 민법만큼은 핸드북을 보지 않았다. 송영곤변호사의 영향을 받아서 민법만큼은 제대로 공부하고 싶었기 때문이다.

보편적으로, 자신이 듣고 있는 강사의 책을 선택하여 해당 테크의 끝을 보는 경우도 있고, 유명하다는 강사의 책을 선택할 수도 있다. 책마다 장점이 다를 수 있으므로, 충분히 알아보고 선택해야 할 것이다. 이 부분은 사람의 성향을 타는 것 같다.

사실 이 강사의 핸드북을 보던, 저 강사의 핸드북을 보던 합격으로 가는 길은 다르지 않다고 생각한다. 저자의 경우에도, 공법의 경우 강성민 변호사(헌법)와 정선균 박사(행정법)의 핸드북을 보았고 차강진 강사의 『캡슐』(헌법)도 참고하였다. 형사법의 경우 이인규 박사의 『캡슐』(형법)과 『특별형법』, 이재철 강사의 『로만』(형소법)을 보았다. 또 사례는 앞서 말한 이재상 박사의 『새로 쓴 로스쿨 진도별 형법사례 답안지 핸드북』을 따로 보았다. 민사의 경우, 민법은 이걸 핸드북이라고 해야할지 모르겠지만 송영곤 변호사의 『민사법 쟁점노트』를, 민사소송법은 김남훈 변호사의 『Essential 민사소송법 핵심암기장』을, 상법은 김남훈 변호사의 『Essential 상법 핵심암기장』과 장원석 변호사의 『상법 핵심암기장』 등을 봤다.

위에서 언급한 핸드북들이 무조건 좋다는 것은 아니다. 다른 핸드북들도 다들 저마다의 장점이 있고, 좋은 책들이다. 단지 저자가 보기에 저자에게 맞는 핸드북들인 것이다.

핸드북 중에서는 정말 최소한의 논점만 정리해 놓은 책들도 있다. 『학연』에서 나온 책 중 『이것만은 알고 쓰자(이알쓰)』가 있다. 이 책은 정말 최소 이건 알고 시험보러 가야지 않겠냐는 내용을 담고 있다. 자기체크용으로 활용할 수도 있을 것 같다.

다시 한번 강조하지만, 핸드북은 정말 신중을 기해서 선택해야 한다. 중간에 바꾸기 어렵다. 충분히 알아보고, 여러 책을 비교해 본 후 본인한테 맞는 핸드북을 선택하자.

_ 핸드북을 언제부터 봐야 할까?

이것도 정말 답이 없다. 처음부터 볼 수도 있고, 나중에야 볼 수도 있으며 때에 따라서는 안볼 수도 있기 때문이다. 보통 일반적인 경우는 저학년때 기본서를 보다가 점차 핸드북으로 갈아타는 것이 아닐까 한다. 그런데 이건 어쩔 수 없이 핸드북으로 갈아타게 되는 경우이고, 어떤 경우에는 이르게 볼 수도 있지 않을까 한다. 아무래도 공법이나 상법, 소송법 정도가 이르게 잡아도 괜찮지 않을까 한다. 이 이르다는 것도 개인적으로는 2학년 2학기 정도? 이지 않을까 하는데, 판단은 본인의 영역이라고 본다. 차라리 빠르게 2학년 정도부터 핸드북만 여러번 돌리는 것도 효과가 있지 않을까 생각은 해본다.

저자의 경우 형법 정도만 이재상 박사의 『새로 쓴 로스쿨 진도별 형법사례 답안지 핸드북』을 2학년 2학기 때부터 보았고[23] 나머지는 신판이 나올 수 있을지를 봐서 어렵겠다 싶은 책들은 3학년 올라가는 겨울방학때부터, 나머지는 3학년 1학기 초에 나오는 책을 사서 봤다.

---

23) 이건 형법이 구멍이라고 생각해서 어쩔 수 없이 빠르게 시작한 것이다.

_ 핸드북을 잡기 전에 주의할 점!

핸드북은 말 그대로 손에 들고 다니기 편한 사이즈로 해당 과목을 정리한 책이다. 또한 각 저자들이 '이것만은 반드시 알고 시험장에 가라'는 생각으로 중요한 것 위주, 그리고 현출할 내용만으로 정리한 것이다. 그러다 보니 자세한 설명이 없고, 단순 지식을 나열한 수준에 그치는 경우가 많다. 따라서 해당 과목을 처음 접하는 사람은 핸드북을 읽어내기 어렵다. 그래서 개인적으로는 해당 과목에 대한 내용이 어느 정도 정리된 사람, 즉 기본서와 사례집을 어느정도 공부한 사람이 보기 시작했으면 한다. 그래야 효율이 높아지고 쓱쓱 읽히기 때문이다.

그러나 다른 의견도 있다. 먼저 핸드북으로 중요한 내용이 무엇인지 알고 기본서를 본다면 강약조절이 쉬워진다는 의견이다. 이 말도 타당한 점이 있다고 생각한다.

본인이 핸드북을 고르게 되는 시점에서, 위 두 의견 중 무엇이 더 맞는지 스스로 판단하고 고르길 바란다.

(4) 선택형 책을 고르자

_ 선택형 기출책을 출판하는 출판사들

선택형은 상대적으로 다른 유형의 시험보다는 우리에게 익숙하면서도 변호사시험의 합격을 결정하는데 가장 최종적인 역할을 하기도 한다. 일반적으로는 3학년 시작할 때 선택형을 위한 책을 보기 시작한다. 그렇다면 먼저 선택형 책들의 종류를 알아봐야 할 것이다.

선택형 책은 크게 출판사와 책의 형태로 구분할 수 있다. 선택형 책을 풀세트24)로 출판하는 회사는 크게 『인해』의 유니온과 『학연』의 레인보우, 『헤르메스』의 선택형 기출 시리즈가 있다. 저마다 장점이 다르므로 먼저 이를 검토해봐야 한다.

먼저 『인해』의 유니온은, 일단 가독성이 좋다. 그리고 모든 모의고사와 변호사시험의 선택형 문제를 수록하고 있다. 『학연』의 레인보우25)의 경우, 모의고사의 경우 최근 3개년은 다 수록하면서 그 이전의 중복되는 문제는 생략하고 있다.26) 그리고 해당 과목의 저자들이 모두 강사로 활동하고 있는 만큼 수업과의 연관성이 높다. 마지막으로 『헤르메스』의 선택형 기출 시리즈의 경우, 문제편과 해

---

24) 5지선다 문제를 그대로 편집한 책을 말한다. 기출책을 말하는 것이다.
25) 좀 가외적인 건데, 7법 책을 다 사면 무지개가 조합된다!
26) 어짜피 모든 모의고사를 다 풀 수는 없고, 최근 3개년 정도만 풀 수 있다는 것을 고려하면 충분하다고 생각한다. 어짜피 OX보다는 내용이 더 풍부하다.

설편이 구분되어 있다. 이러한 편제가 편한 사람에게는 큰 장점이 될 수 있다. 또한 마찬가지로 대부분 메가로이어스의 강사인 만큼 강좌와의 연관성도 높은 편이다.

위에서 언급한 바와 같이, 각 출판사들의 선택형 책들은 저마다의 장점이 있다. 저자는 위 세 출판사의 책을 모두 사서 보았는데, 1학년때는 유니온을, 2학년 때는 레인보우를, 3학년때는 선택형 기출 시리즈를 사서 봤다. 솔직히 이럴 필요는 없다.27) 필요한 시기에 자신에게 맞는 책을 선택하자.

_ OX집과 정지문에 대해서

위에서 언급한 종류의 책들은 말 그대로 선택형 기출 책들이다. 반면 선택형 책을 다르게 구분하면, 이처럼 선택형 문제가 그대로 있는 책(이하 "기출책")과 OX형태로 선지를 정리한 책(이하 "OX집"), 그리고 마지막으로 정지문만 정리한 책(이하 "정지문28)")이 있다.

이건 정말 취향 차이인 것 같다. 기출책의 경우 문제를 풀어볼 수 있다는 장점과 해설이 자세하고 판례가 같이 수록된 것이 가장 큰 장점이다. 그러나 시간이 정말 오래 걸린다. 반면 OX집은 상대적으로 시간이 덜 걸리면서도 중요한 내용을 알 수 있고, 대부분 실제 시험 문제의 선지를 그대로 옮긴 것이기 때문에, 해당 내용의 무엇

---

27) 뒤에서 설명할 것인데, 선택형을 3학년때 시작해야 한다는 것을 모르고 매년 무지성으로 계속 샀기 때문이다.
28) 여기서 정지문은 『인해』의 엑스칼리버도 포함한다.

을 틀리게 냈는지 알 수 있어 좀 더 입체적으로 학습할 수 있다. 다만 판례를 볼 수 없다는 답답함은 있다. 마지막으로 정지문의 경우, 틀린 선지도 정지문으로 수정해서 수록한 것이기 때문에 그야말로 효율의 극치를 달린다고 본다. 다만 생으로 정지문을 보게 되면 정말 안 읽힌다. 밑도 끝도 없이 정답만 있기 때문이다. 사람에 따라서는 마무리용으로 OX나 정지문을 활용하는 사람도 있다.

꼭 하나만 선택해서 볼 필요는 없다. 서로 장단점을 보완할 수 있으므로, 같이 볼 수도 있다. 그러나 그러기에는 시간이 없을 것이다. 저자의 경우, 처음에는 기출책으로 다 해결하고 싶었는데, 풀다보니 시간이 정말 부족했다. 3학년 3월부터 시작해서 변시 9개년과 모의고사 최근 3년만 풀었는데도 6월 모의고사 전까지 행정법과 민법, 민사소송법밖에 못 풀어서(그것도 다 못 풀었다). 결국 형사법까지만[29] 8월 모의고사 전까지 간신히 풀고 그마저도 3학년 2학기부터는 정지문으로 갈아탔으며, 공법은 문제 몇 개 풀어보다가 일찌감치 OX집으로 책을 바꿨다.

각자의 성향과 처한 상황에 따라 유동적으로 선택해도 될 듯하다. 처음부터 OX집 등으로 볼 수도 있다. 변호사시험을 볼 때까지 들고 갈 책이고 여러 번 반복할 책이기 때문에 신중하게 선택하면 좋겠다.

---

29) 사실 이것도 중간에 "올해 보는 시험까지 3개년으로 치자"고 해서 실제로 푼 문제는 2개년이다.
29) 형사법도 결국은 시간이 없어 복습을 하지 못했다. 그래서 마지막에는 정지문을 봤다.

(5) 기록형 책은 어떻게 할까?

_ 변호사시험 기록형

예전에 강성민 변호사와 정연석 변호사의 공저 『민사기록 엑기스』(현재는 『로스쿨 민사기록형의 정석 기출문제 완전분석』이라는 책으로 제목이 바뀌었다)를 처음 펴 보았을 때 기억이 아직도 남아 있다. 책의 서론에 이런 말이 있었다. 변호사시험 민사법 기록형을 세글자로 표현하면 "어렵다", 다섯 글자로 표현하면 "매우 어렵다"였다. 물론 공법과 형사법도 기록형이 쉽진 않지만 경험상 민사법이 가장 난해했다. 그만큼 어려우면서도 기존의 사법시험과 가장 큰 차이점을 보이는 유형이 기록형이 아닐까 한다. 기록형의 공부방법에 대해서는 뒤에서 이야기해보자.

_ 책을 두 권 구하자.

강사들 대부분, 특히 변호사출신 강사들은 대부분 기록형 책을 출간하였다. 기록형 책을 크게 구분하면, '기록형 개념서'와 '기출해설'이 있다. 물론 같이 들어있는 책들도 있다. 기록형은 대부분 강의를 듣는 편이기 때문에 두 책을 다 사는 편이다. 그렇다면 당연히 대부분 책들에 대해서 뭐가 특별한 것이 있기에 따로 할애해서 설명하는 것일까?

내가 여기서 하고 싶은 말은, '기출해설' 책을 저자를 달리해서 두 권 이상 구하라는 것이다. 대부분의 '기출해설' 서문을 보면, 변호사시험 해설의 경우 100% 내가 정답이라는 책은 없을 것이다. 변호사시험 출제위원이 작성한 해설이나 채기표는 시중에 없기 때문에30) 강사 입장에서도 스스로 연구하고 직접 풀은 것을 바탕으로 집필한 것이고, 그렇기에 '이게 100% 답이다' 라고 장담하지 못하는 것이다.31) 물론 사례형도 마찬가지긴 하지만, 책마다 오류가 조금씩은 있을 수 있고, 기재내용이나 방식이 다를 수 있다. 그렇기에 신뢰할 수 있는 책을 두권 정도는 구해서 다른 부분은 비교해서 공부해둬야 한다. 물론 학교에서 출제자급의 교수님에 계시다면 말이 다르겠지만, 그렇지 않다면 꼭 비교해가며 공부해야 한다.

특히 민사법의 경우, 책마다 청구취지나 청구원인이 조금씩은 다르다. 청구취지 표현이 조금 다르더라도 정답으로 인정될 수 있는 차이에 그치는 경우도 있으나, 아예 잘못된 청구취지로 기재되어 있는 경우도 있다. 이럴 때 책이 두 권 이상 있었던 것이 매우 좋았다. 무엇이 실제 답인지 생각해 보는 과정도 공부이기 때문이다.

상대적으로 형사법이나 공법은 민사법에 비해서 난이도가 낮다. 그러나 어디까지나 상대적인 것이지 여전히 어려운 것은 마찬가지이기에 책마다 결론이 조금씩 다른 경우가 있으나, 형사나 공법의 경우에도 '기출해설'을 두 권 정도는 갖추는 것이 어떨까 한다.

---

30) 확실하진 않지만 없는 것으로 안다.
31) 그만큼 변호사시험 기록형의 난이도를 방증하는 것이라고 볼 수 있다. 특히 민사법이 그렇다.

_ 변시기출 위주로 보자

이것도 민사법 이야기긴 하다. 기록형의 경우 모의고사와 변호사시험의 난이도와 정교함은 차이가 큰데, 특히 민사법이 크다. 가령 민사법은 변호사시험 기록형에서 피고가 6명 정도[32]가 잡히는데, 모의고사는 그보다 적게 잡히는 경우도 많고, 논점 파악도 모의고사가 좀 더 쉽게 파악된다. 저자의 경우, 모의고사의 경우 보통 15분 정도가 남았다. 반면 변호사시험의 경우 실제 시험장에서도 매우 빡빡하였다.[33]

그렇다면, 당연히 변호사시험 기출부터 공부해야 한다는 것이다. 그런데 보통 기록형은 2학년 여름방학때부터 시작하는데(물론 사람마다 다를 것이나, 적어도 이때부터는 시작할 것이다), 문제는 남은 시간이 별로 없다는 것이다. 1년 반밖에 남지 않았는데 기록형은 한번 풀어보는데 시간도 많이 걸린다. 그렇기에 다른 유형보다 상대적으로 시간투입이 적을 수밖에 없고, 풀어볼 수 있는 문제도 제한적이다. 그렇기에 변호사시험 기출문제 위주로 볼 수밖에 없다.

저자의 경우 민사법은 변호사시험 기출은 다 직접 풀어봤고, 모의고사는 해설 위주로 봤다.[34] 형사법은 모든 모의고사와 변시를 다 풀어봤지만 이건 학교 수업에서 그렇게 진행했기 때문에 그렇게 한 것이다. 공법은 변호사시험 기출조차 다 풀어보지 못했다. 그만큼 시간이 부족하니, 변호사시험 기출 위주로 보자.

---

[32] 꼭 그런건 아니다. 7명 이상일 수도 있는 것이다.
[33] 앞서 말했지만, 저자가 고득점이라거나 공부를 잘했던 것은 아니다.
[34] 답만 봤다는 것이다.

_ ○○기록의 이해 시리즈

기록형을 위해 참고할 만한 책으로, 『박영사』에서 나온 『형사기록의 이해』와 『민사기록의 이해』가 있다. 이 책들은 전 사법연수원 교수님들이셨던 박광서 판사님, 송백현 판사님, 최종원 판사님이 집필한 책 들이다. 이 책들은 말 그대로 '이해'에 초점을 맞춘 책 들이다. 저자가 3학년 재학 중에 『형사기록의 이해』가 먼저 나왔고, 변호사시험을 보고 나서 『민사기록의 이해』가 나왔다.

이 책들은 기본적으로 '라이트한 기록'이라고 볼 수 있다. 기록의 난이도가 실제 변호사시험 기록형보다는 쉽다. 그러면서 '기록이 이런 식으로 구성되어 있구나!'라는 것을 제시하고 있다. 변호사시험 기록에서는 생략될 수 있는 내용들도 기록으로 같이 들어 있는데, 실제 생기록35)의 느낌도 조금은 맛볼 수 있다. 그러나 약간 변호사시험 기록보다는 재판실무의 '검토보고서'에 가까운 느낌도 있긴 하다.

한 마디로, 기록형을 처음 접하는 단계에 있어서 책의 본문과 주석을 하나하나 읽고 연구한다면 큰 도움을 받을 수 있을 책이라는 것이다.

개인적인 생각인데, 재판연구원을 준비하는 학생이라면, 좀 더 일찍 구해서 보는 것도 어떨까 한다. 책의 설명이 재판실무 수업에

---

35) 실제 진행중인 사건의 기록을 말한다.

서 제시하는 모범 '검토보고서'와 비슷하다. 후술하는 바와 같이, 변호사시험 기록형과 재판실무의 검토보고서, 실제 판결문은 궤를 같이한다. 그렇기에 2학년 올라가는 단계에서 이 책을 접한다면 좀 더 빨리 재판실무를 준비함에 있어 좀 더 도움이 될 것이라고 조심스럽게 말하고 싶다.36)

(6) 학교 도서관에 자주 가자

_세상에 나쁜 책은 없다.

변호사시험 수험서는 참 많다. 처음에 법학전문대학원에 입학했을 당시 인터넷 서점에서 변호사시험 책을 알아본 적이 있었는데, 그때 한 과목, 한 유형마다 수만가지의 책이 있는 것으로 느껴졌다. 그러나 내가 시험장에 들어갈 때까지 그 많은 책을 다 볼수는 없고, 다 볼 필요도 없다. 그렇기에 내가 무슨 책을 볼 것인지는 처음 입학한 학생들에게는 너무 어려운 일이다. 그런데 그건 1학년때만 그런게 아니고 2학년, 3학년 때도 마찬가지다.

책이 많은 만큼 사람들이 각자 선택하는 책들도 다 다르다. 그리고 그 책들을 가지고도 변호사시험에 합격한다. 그렇다는 것은 '나쁜 책'은 없다는 것이다. 다만 나한테 맞는 책은 있다. 선배 누구,

---

36) 솔직히 형사기록의 이해는 3학년 2학기때, 민사기록의 이해는 변시를 보고 나서 봤었기 때문에 소개하는 수준으로 적는다.

아니면 동기 누군가가 어떤 책이 좋다고 말해준다고 해도, 그 책이 나한테 맞는다는 보장이 없다. 그리고 그들의 말만 가지고 그 책을 구입하는 것도 위험한 것이다. 저자도 그런 식으로 사서 중간에 접은 책들이 많다. 그런 경우에는 학교 도서관을 가자.

학교마다 다를 수 있지만, 학교 도서관에는 대부분의 수험서가 있을 것이고, 비교해가며 나한테 맞는 책을 찾아볼 수 있다. 저자도 2학년 중간 무렵부터 학교 도서관에 자주 갔다. 가서 지금 볼 책이거나 3학년 올라가서 무슨 책을 볼지 계속 연구했다. 어떤 종류의 책이 있고, 어떤 유형의 책이 있으며, 어떤 편제가 나한테 맞는지 계속 비교했다. 그 결과 3학년 올라갔을 때 책을 수월하게 고를 수 있었고, 그 책들로 변호사시험에 합격했다. 원하는 책이 없는 경우에는 학교에 신청해서 받아봤다. 시간이 부족한 경우에는 대여해서 보기도 하였다.

반드시 살 필요는 없지만, 짧게 참고할 책들도 학교 도서관에 가서 대여해서 보면 좋다. 사실 그러라고 학교 도서관이 있는 게 아닌가?

_ **법문서적도 가보자.**

서울 신림동 서울대벤처타운역 근처에 법문서적이라고 있다. 예전에 고시시절 고시생들이 자주 찾던 서점이라고 한다. 저자도 3학년 올라가는 겨울방학때[37] 이 법문서적에 간 적이 있다. 책을 알아보기 위해서이다. 이 법문서적에는 학교 도서관에 없는 책들을 비교하고 알아보기 위해서 간 것인데, 의외로 숨겨진 명저?들도 있었다. 수험서에 대한 안목을 높일 수 있는 곳이었다.

저자가 법문서적을 방문한 그 이후로는 코로나19가 심해져서 서울을 더이상 갈 수 없게 되었다. 그래도 그때 봐둔 것 덕분에 눈에 찍어 두었던 책들을 법문서적 인터넷 사이트에서 살 수 있었다. 지방이라 서울에 올라가기 어려웠던 점도 있긴 하다.

앞서 말한 것처럼, 이렇게 책을 비교해서 알아볼 생각을 2학년 중반까지는 하지 못했다. 단지 선배의 말이나 주변 사람들의 말을 듣고 생각없이 사기만 했다. 그렇기에 거의 읽지도 않고 쌓이기만 한 책들도 많고, 그대로 후배들에게 나눠주고 온 책들도 많다. 물론 책을 선택할 때는 어느 정도 법학에 대한 실력이 쌓여야 책을 고르기 편하다. 그러나 일단 이렇게 책을 알아볼 곳이 있다는 것을 아는 것만으로도 도움이 되지 않을까 한다.

(7) 책은 매년 새로 사야 하나요?

우선 책마다, 그리고 과목마다 조금씩 다르다고 본다. 그리고 저자가 제시하는 것도 절대적이지 않다. 사람마다, 또 사람들 성향마다 다르다. 저자는 '새 책'을 좋아했기 때문에 책을 자주 샀다. 그

---

37) 다행히 이때는 코로나19가 퍼지기 전이였다.

러나 그만큼 보지도 못하고 그대로 후배들에게 물려준 책들도 많다. 그런 경험에서 꼭 새로 사야 하는 책이 있는지 정도로 이야기하겠다.

기본적으로 기본서는 한번 구하면 된다.38) 기본서는 필요할 때 찾아보는 역할이면서 내가 꼼꼼히 필기를 한 책이기도 한데, 이 기본서를 새로 사서 다시 이렇게 필기를 하고 내 책으로 만드는 데 시간이 많이 걸린다. 다만 정말로 '참고'만 하겠다면 새로 살 수는 있다.

선택형 책의 경우, 3학년 올라갈 때 그해에 새로 나온 책으로 갖추는게 좋은 것 같다. 아무래도 최신 문제가 다 있다는 점이 크다. 물론 3학년 이전부터 봐 둔 책이 있다면, 그대로 가져간 후, 나머지 문제는 회차별 문제로 보충하는 방법도 있긴 하다.

사례형의 경우, 진도별과 회차별을 다 다룰 가능성이 높다. 먼저 '개념을 위한 사례집'은 처음에 개념 목적으로 산 이후에 그대로 가져가면 될 것이다.39) 사실상 주력 책 역할을 하기 때문이다. 그렇기에 새로 나온 변호사시험 기출문제나 모의고사 문제들은 보통 3학년 올라갈 때나 그보다 조금 전에 '회차별 사례집'을 구해서 보완하면 된다. 그 외에도 별도로 인쇄해서 보는 경우도 있다보니,

---

38) 저자의 경우, 예외적으로 민법은 3학년 올라갈 때 새로 사서 강의와 함께 활용하였다.
39) 저자는 송영곤 사례연습II를 3학년때 새로 샀는데, 보지도 못하고 그래도 후배에게 물려줬다.

크게 신경 쓸 부분은 아니다. 즉 새로운 책을 사서 다시 내 책으로 만드는 데 시간이 걸리니, 굳이 새로 살 필요는 없다고 볼 수 있다. 이건 '사례를 위한 사례집'도 마찬가지다. 사례에 대한 틀을 잡기 위한 것이므로 한번만 구하면 된다. 기록형의 경우도 크게 다를 것은 없다. '한번만' 사서 보면 충분할 것이다.

문제는 핸드북인데, 이건 핸드북을 시작하는 시기에 따라 영향이 좀 있다고 본다. 기본적으로 핸드북은 정말 끝까지 들고 가는 책인데, 이왕이면 '새 내용'으로 구성된 것이 낫지 않을까 한다. 그래도 사실 1년 만에 내용이 팍팍 바뀌지는 않는 만큼, 만약 2학년 때 잡기 시작한 핸드북이 있다면 그대로 가져가도 무방할 것이다.

정리하면, 매년 새로 살 필요가 있는 책은 없는 것 같다. 단지 언제 그 책을 시작했느냐에 따라서 좀 영향이 있지 않을까 한다. 정말 기출을 위한 책들은 상대적으로 새 책을 보는 것이 좋고, 그게 아니라 계속 붙잡고 볼 책이라면 굳이 새 책을 살 필요는 없다고 생각한다.

2-2. 학년별 공부방법

(1) 시작하기 앞서

이 부분은 지극히 개인적인 내용이다. 저자가 비법학 출신으로서 학교를 다니면서 "아 이때 이 공부를 했으면 정말 좋았겠구나"고 느낀 부분이나 실제로 그 시기에 해당 공부를 해서 정말 좋았다는 생각이 든 것들을 간략하게 소개한다. 또한 학교마다 커리큘럼이 다르기 때문에 이 내용들을 그대로 적용하기 어려울 수도 있다. 또한 사법시험이나 비슷한 시험을 이미 경험한 사람들에게도 적용되기는 어려울 수 있다. 그렇기에 참고 정도로만 읽어 주었으면 한다.

또한 변호사시험 준비를 위한 과정을 말하고 있고, 학교 내신에 대한 준비는 따로 다루지 않았다. 내신은 틈틈이 시험 전에 준비를 해주면서 변호사시험을 준비해야 하지 않을까 한다.

(2) 1학년

_ **대망의 1학년**

1학년은 변호사시험이라는 결과를 위해 준비하는 3년 농사에 있어 밭을 가는 시기이다. 당연히 이때 잘 준비해야 결과도 좋을 수 있다.

1학년은 기본적으로 법을 처음 접하는 시기이다. 물론 법학전문대학원 합격 후 학교 입학하기 전까지의 기간동안 준비를 잘한 사람도 있겠지만, 그렇지 않은 사람들도 있을 것이다. 그러나 3년은 짧은 만큼, 이 1학년 때부터 제대로 준비를 시작해야 한다. 허투루 버릴 시간이 없는 시기이다. 1학년이라고 해서 슬슬 하는 단계는 아니라는 것이다. 한편 1학년은 기본서를 볼 수 있는 사실상 마지막 시기이다.40)

_ 1학년 1학기

정말 법학을 처음 공부하는 시기이다. 학교별로 필수과목들이 있는 시기이다. 아마 민법·형법·헌법들이 있을 것이다. 가급적이면 이 시기에는 해당 과목들에 대한 기본서를 많이 볼 수 있었으면 한다. 헌법은 이때 말고는 3학년이 되어서야 다시 볼 수 있으므로, 최대한 많이 보자.41) 학교 시험이 기본서를 바탕으로 하지 않는다고 하더라도, 가급적 볼 수 있으면 좋겠다.42)

여기에 간단한 사례집을 같이 볼 수 있으면 좋다. 학교 시험에서 사례형을 다루지 않는다면 좀 어렵겠지만, 사례형은 법학의 기본이므로 어렵더라도 '이게 사례형이구나' 정도로라도 보는게 좋을 것 같다. 가볍게 목차라도 잡아보고, 왜 이렇게 목차가 잡히는지, 키워

---

40) 기본서를 볼 시간이 정말 안 난다. 다만 민법은 2~3학년에 더 볼수 있으면 좋을 것이다.
41) 사실 헌법 기본서는 거의 이때만 볼 수 있을 것이다.
42) 현실적으로는 잘해야 두세번 정도 볼 수 있지 않을까?

드43)는 뭘까 고민해보면 충분할 것이다. 말 그대로 '사례형의 이해' 단계라고 보면 어떨까 한다. 보통 자신이 보는 기본서와 세트로 같은 저자의 책을 진도별로 보는 경우가 많을 것이다.

1학년 1학기때는 3년 과정 중 가장 시간적 여유가 있을 때이므로, 이를 충분히 활용하여 법학에 대한 기초를 만들고 '리걸 마인드'(Legal mind)를 익힌다고 생각하자. 아마 학교 다니면서 '리걸 마인드'라는 말을 정말 자주 지겹게 들을 것이다. 그만큼 이게 갖추어야지 법학을 이해하고 공부할 수 있다.

민법과 헌법은 한글로 써있을테니 읽을 수는 있는데, 형법 총론의 경우 한글로 써있어도 도대체 '이게 무슨 소리야' 할 것이다. 그런데 그건 '나'만 그런 건 아닐 것이다. 일단 "그런가 보다" 하고 일단은 지나갈 수밖에 없다. 형법총론은 선택형에서 비중이 낮지 않고, 사례형에서도 형법총론을 모르면 기재하기 어려운 부분들이 많이 나오고 있으니 버릴 수는 없다. 다만 나중에 다시 보면 이해가 되니 지금은 너무 좌절하지 말자.

_ 1학년 여름방학

2학기를 위한 준비시간이다. 그러나 법조윤리시험이 도사리고 있다. 법조윤리시험을 준비하면서 다음 학기를 준비해야 한다. 생

---

43) 키워드는 사례형이나 기록형에 있어서 채점의 기준이 되는 중요한 단어나 문장을 말한다. 즉 키워드가 기재되어있느냐에 따라서 점수가 되고 안되고가 결정될 수 있는 것이다.

각보다 시간이 많지는 않은 시간이다.

그런데 아무래도 법학전문대학원에 처음 입학하고 난 다음에 맞이하는 방학이다 보니 마음잡고 공부하기 참 어려운 식이기이도 하다. 왠지 어디 한번 놀러가야 하는거 아닐까 하는 생각도 들고 그런다. 그렇다. 잠깐 기분전환 하는 생각으로 가면 좋을 것이다. 그러나 어디까지나 다음 학기를 위한 재충전의 시간이지 계속 놀면 안된다. 학기 끝났으니 쉬고, 법조윤리 끝났으니 쉬고, 학기 전이니 쉬고 그러면 안된다는 것이다.

방학은 전 학기를 정리하면서 새 학기를 준비할 수 있는 시간이다. 틈틈이 다음 학기에 있는 과목들을 준비해야 한다. 특히 1학기 때 부족했던 부분과 특히 민법을 메울 수 있는 시간이기도 하다. 방학을 잘 준비한 사람은 다음 학기에서 티가 나기 마련이다. 첫 방학이라고 해서 마음이 풀어지면 안된다.

_ 1학년 2학기

참 애매한 시기인 것 같다. 법을 처음 시작하는 것은 아닌데, 아직도 새로 시작하는 느낌이기 때문이다. 학교마다 커리큘럼이 다르겠지만, 대부분의 변호사시험 과목이 이 단계에서 진행될 것이다. 형법 각론이나 채권법, 행정법 등이 2학기에 많이 다루지 않을까 한다.

그런데 1학년 2학기는 해당 과목에 대해 기본서를 볼 수 있는 마지막 기회이므로 가능하면 기본서를 충실히 볼 수 있었으면 좋겠다.44) 가능하면 해당 진도별로 사례집도 같이 보는 것이 좋다. 행정법의 경우 조금 주의해야 하는데, 행정법은 처음 접하면 개념을 잡기 어려운 과목이기 때문에 이해에 좀 더 신경을 써야 한다. 행정법은 2학년 여름방학때 다시 한번 볼 수 있는 기회가 있고, 사례형은 3학년에 올라가서 볼 수 있는 만큼, 이 시기에는 이해에 좀 더 집중해도 될 것 같다.

2학기때 하는 과목들은 대부분 변호사시험에서 중요한 부분을 차지하는 과목들이다. 따라서 하나라도 구멍이 나는 과목이 있다면 그 과목은 변시 볼 때까지 그 부분이 발목을 잡게 되므로 정말 하나하나 잘 준비해야 한다. 적어도 구멍은 나지 않도록 준비하자.

_ 1학년 정리

법학을 처음 시작하는 단계이므로 모든 것이 낯설 시기이다. 그럼에도 3년 과정 중에 기초를 다질 수 있는 유일한 시기이고, 앞으로의 방향설정에 있어 가장 중요한 시기에 해당한다. 이때 제대로 안 하면 정말 두고두고 발목을 잡는 부분이 생긴다. 그렇기에, 저자는 3학년 과정 중에서 가장 중요한 시기가 1학년 시기라고 생각한다. 이때 방향을 잘못 잡거나 소홀히 하는 부분이 생기면 정말 고생한다.45)

---

44) 다만 학교에서 선택형 시험도 병행된다면 기본서를 볼 시간이 어려울 것이다.

사례형의 경우, 적어도 자신의 진도에 따라 맞춰서 소목차는 잡을 수 있을 정도는 만들어놓아야 한다. 처음에는 쓰기 어려우므로 일단 사례집을 따라 읽고 간단히 소목차를 정리하는 정도에 기회가 되면 키워드도 간단히 나열할 수 있을 정도면 될 듯하다. 또한 사실상 기본서를 볼 수 있는 마지막 시기이므로 많이 볼 수 있으면 좋겠다.

법학을 처음 접하는 단계 치고는 중요한 내용을 많이 다룬다. 후에 사례형이나 기록형을 잘하기 위해 해 두어야 하는 기본을 이 단계에서 다룬다. 물론 1학년 때 한번 보고 끝날 것은 아니지만, 다음에 다시 볼 때에도 전에 준비를 잘 해 두었다면 도움이 많이 되지 않을까?

(3) 2학년

_ 진정한 시니어

법학전문대학원은 총 3학년으로 구분되어 있다. 그런데 3학년은 사실 다른 사람들과 교류를 하기 쉽지 않고, 이른바 '학교생활'이란 것이 없는 시기라고 생각한다. 따라서 학교의 진정한 선배 역할은 2학년이 맡게 된다. 진정한 시니어가 된 것이다.

---

45) 저자가 그랬다. 형법각론의 '문서에 관한 죄'와 그 이후 부분, 채권총론 중 채권양도 부분이 공부가 잘 안되어서 3학년때 무척이나 고생했다.

1학년 겨울방학은 편의상 2학년 과정으로 분류한다. 2학년부터는 본격적으로 사례형을 연습해야 하며, 1학기까지 7법에 대한 어느 정도 정리가 되어 있어야 한다. 그래야 2학기 때부터 기록형을 시작할 수 있다. 따라서 1학년 2학기보다 더 힘든 시기이다. 사실 뒤로 갈수록 더 힘들어진다.

_ 2학년 겨울방학

1학년 때 했던 과목들을 중심으로 본격적으로 사례연습을 해야 한다. 해설을 보지 않고 어느 정도 쓰는 것을 시작해야 한다.[46] 이때 안 하면 3학년 올라갈 때까지 점점 부담이 커진다. 또한 2학년 1학기에 있을 과목도 준비해야 한다.

앞에서 분류한 채권담보법[47]은 별도로 충분히 시간을 내어 완성해야 한다. 민법에 있어 가장 중요한 부분이지만 반대로 가장 소홀하기 쉬운 부분이기도 하다. 학교마다 따로 채권담보법을 다루는 곳도 있겠지만, 만약 다루지 않는다면 이때 중점적으로 준비를 해야 한다. 사례형과 기록형에서 이 부분을 빼고는 문제를 풀 수가 없는데, 빠르면 당장 2학년 여름방학부터 민사기록형이나 형사재판실무, 검찰실무를 준비하기 때문에 이때 말고는 시간이 잘 안 날 수 있다. 그러니 이때라도 채권담보를 신경쓰자. 때에 따라서는 민사집행법을 이때 할 수도 있다. 물론 1학년에 한 것들도 부족한 부분 위주로 복습을 할 수 있으면 좋겠다.

---

46) 적어도 민법, 형법은 갖추어야 할 시기이다.
47) 이때 안보면 반드시 후회한다.

_ 2학년 1학기

대부분 이 시기에 7법의 대부분이 마무리되게 된다. 변호사시험에 나오는 대부분의 내용은 한번씩은 보게 되는 것이다. 그럼에도 지금까지 "내가 뭘 한거지?"의 의문이 드는 시기이기도 하다.48)

대부분의 학교는 이 시기에 민사소송법의 전부 또는 일부를 다루고 있을 것이다. 민사소송법은 특히 기판력이나 병합소송 파트의 경우 내용이 괴랄하기로 유명한 파트이기 때문에 시간을 많이 할애할 수밖에 없다. 그만큼 신경을 많이 쓸 수밖에 없는 과목이기도 하다. 형사소송법을 이 시기에 다룬다면 마찬가지로 쉽지는 않을 것이다.

이 시기에는 2학년 1학기 때 듣는 과목뿐만 아니라 1학년 때 했던 민법에 대한 사례를 계속 준비해야 한다.49) 1학년 때에는 간단히 사례에 대한 '개념'을 정리했다면, 2학년 1학기부터는 제대로 사례를 준비하기 시작해야 한다.

간단히 사례형에 대한 공부방법을 소개하자면, 먼저 사례집을 하나 정한 후50) 해당 부분을 정하여 예습하고, 따로 시간을 정하여 그 부분을 책을 안 보고 써보는 방식이다. 적어도 1학기까지는 민

---

48) 마지막으로 저자가 울고 싶었을 때이다. 2학년인데도 사례형에 손도 못 댄다는 생각에 정말 큰일났다고 생각이 들었기 때문이다.
49) 형법의 경우, 2학년 2학기 형사재판실무를 준비하면서 웬만큼 준비가 가능하고, 공법의 경우 사실상 3학년때 시작할 수밖에 없다.
50) 1학년때 보던거 그대로 봐도 충분하다. 이건 앞에서 충분히 설명했다.

사소송법을 포함하여 민사법에 대한 사례를 어느 정도 쓸 수는 있을 정도로 정리해두면 좋을 것이다.51)

빠르면 재판연구원이나 검찰을 준비하는 학생들이 해당 과목에 대해 공부를 시작하는 단계일 수도 있다. 재판연구원이나 검찰을 준비해 보지는 않았지만 이 시기에 준비를 하는 사람들도 보았다.

민사집행법을 이 시기에 볼 수도 있다. 갈수록 민사집행법의 중요성이 높아지는 가운데, 민사집행법을 모르면 민사 문제를 못 푼다. 시간이 된다면 간단히라도 민사집행법을 준비해보자.52)

_ 2학년 여름방학

2학년 1학기가 끝났다면, 대부분은 변호사시험 7법의 1회독이 끝났을 시기이다. 또한 이 시기는 기록형을 시작하기 위한 전초단계이기도 하다.

이 시기는 개인적으로는 행정법을 다시 한번 정리하라고 말하고 싶다. 행정법은 분량에 비해 생각보다 쉽게 안되는 과목이다. 그 체계 자체를 머리가 받아들이는 데 시간이 더 걸린다고 해야 할까? 그러다 보니 2학년 여름방학때 한번 정리하고 가면 3학년에 부담이 적다. 상법도 혹시나 시간이 된다면 회사법 정도는 한번 정리해

---

51) 사실 이 단계를 저자는 "틀이 어느정도 갖추어졌다"고 표현한다.
52) 사실 2학년 겨울방학때 준비할 수도 있고, 2학년 여름방학때 준비할 수도 있다. 중요한 것은 '민사집행법을 준비하는 것'이다.

두면 어떨까 한다.53) 물론 여유가 더 된다면 상법총칙이나 어음수표법도 한번정도 보면 좋다.

또한 방학이 끝나는 시점에서 적어도 민사법은 어느 정도 정리가 되어 있어야 하고, 사례형 역시 마찬가지로 어느 정도 쓸 수준이 되어 있어야 한다. 1학기에 이어서 계속 써보고 공부해야 한다는 것이다. 시간이 갈수록 사례형을 볼 수 있는 시간이 계속해서 줄어들기 때문에 충분히 시간을 투자해야 한다.

만약 2학년 겨울방학때 채권담보법을 제대로 못 했다면, 이때까지 확실히 해두어야 한다. 진짜 이때까지 안되면 3학년 때 너무 부담이 커진다.54)

한편 민사법 기록형을 시작할 시기이다. 학원강의를 따로 들을 수도 있다. 가장 중요한 것은 직접 써보는 것이다. 주말마다 시간을 정해서 변호사시험 기출을 한 회씩 풀어보는 것이 좋다. 처음에는 정말 쓰기 힘들고, 뭘 써야할 지도 모르겠지만, 사례를 처음 시작할 때처럼 전체적인 구성방법을 알아보는 것을 시작으로 책을 참고하면서 쓰든 공부해서 쓰든 조금씩 써본다면 좋을 것이다.

또한 재판연구원이나 검찰을 준비하는 학생들은 적어도 이 시기부터는 형사재판실무와 검찰실무를 준비하는 것 같다.

---

53) 어디까지나 이 시기까지는 민사법 사례가 급하다. 여유가 된다면 정리하자.
54) 그게 저자였다. 정말 힘들었다.

간혹 2학년 여름방학 시기에 8월 모의고사를 보는 학교가 있을 수도 있다. 이를 진급시험으로 활용한다던지 그런 식으로 말이다. 학교마다 방침이나 방향은 다를 수 있으나, 크게 도움은 안 된다고 본다. 필수로 봐야 한다면 최대한 '자기 공부'에 방해되지 않는 수준에서 준비하자.

일단 할 것이 1학기 여름방학 때보다 훨씬 많다. 그만큼 2학기 여름방학이 중요하면서도 바쁘게 지낼 수밖에 없다. 당연히 어디 놀러가는건 어렵다. 그래도 망중한이랄까? 잠시 재충전의 시간을 갖는 것도 좋을 것이다.

_ **2학년 2학기**

본격적으로 기록형을 시작하는 시기이다. 한편 형사재판실무나 검찰실무 등 재판연구원이나 검찰을 준비하는 사람에게는 따로 준비해야 하는 것들도 있다. 이 시기에는 적어도 형사법 완성을 목표로 공부해야 한다. 특히 형사법 사례형과 형사법 기록형은 3학년에 올라가면 다시 보기 어려우므로[55] 사법연수원의 형사재판실무와 학교 형사법 기록형 수업 등을 통하여 완성하자.

민사법 기록형[56]의 경우, 사실 한 학기만에 완성시키기 어렵다. 개인적으로는 민사법 기록형은 민사재판실무를 통해서 완성도를

---

55) 사실 이 시기에 끝내놓으면 3학년 때 마음이 편하다.
56) 주말마다 계속 써 봐야 한다.

높이는 것이 좋은 방법이 아닐까 생각한다. 따라서 이 시기에는 민사법 기록형에 대한 이해, 즉 틀과 쓰는 원리, 그리고 무엇을 써야 하는지에 대한 이해가 있을 정도면 충분하다.

형사재판실무는 재판연구원을 준비하지 않더라도 따로 공부를 해 주는 것이 좋다고 생각한다. 재판실무 과목은 예전 사법연수원 시절부터 중요한 과목 중 하나였고, 형사재판실무의 경우 형사에 대한 전반적인 이해도를 높이는 역할도 한다. 또한 형사재판실무도 결국 형사법에 대한 수업이기 때문에 변호사시험 형사법 자체에도 도움이 많이 된다.

이러한 정신이 없는 사이에도 틈틈이 민사법은 계속 봐야 한다. 결국 변호사시험은 민사법 싸움이기 때문에, 누가 더 민사를 잘하냐에 따라서 '편하게' 변호사시험을 준비할 수 있는지가 결정되는 것 같다. 반대로 민사가 잘 안 되어 있으면 끝까지 불안하다. 가족법도 가능하면 이 시기까지 정리해두는 것이 좋다.

개인적으로 상법의 회사법 정도는 이 시기까지 가볍게라도 정리를 해 두는 것이 좋을 것 같다. 상법의 경우에는 조문이 정말 중요[57]한데, 조문이라도 정리해두면 좋다. 사실 바쁜데 언제 상법까지 하고 있냐고 할 수 있지만, 3학년에 올라가면 공법이 급해지기 때문에 상법까지 처음 보게 되는 것은 너무 부담이 클 수 있다.[58]

---

57) 조문 그 자체로 문제를 내는 경우가 많고, 비슷비슷한 조문이 너무나 많기 때문에 정리를 따로 안 하면 혼돈의 카오스에 빠질 수 있다.
58) 상법의 경우에는 뒤에 과목별 학습 때 좀 더 설명하려고 한다.

사실 사례형은 이 시기에 따로 정리하기는 쉽지 않다. 그럼에도 민사법의 경우 따로 시간을 조금씩이라도 내서 하는 것이 어떨까 한다. 형사법의 경우 형사재판실무에서도 조금은 다루기도 하고 이 시기에 형사법을 자체를 열심히 공부하게 되면서 자연스럽게 해결될 수 있다.

2학년 정리

형사법 사례형과 기록형은 2학년까지 완성시켜야 한다.59) 특히 2학년 2학기 때 말이다. 다시 볼 여력이 잘 안 난다. 민사법60) 역시 웬만큼 해두지 않으면 3학년 때 계속 쫓길 수 있다. 즉 민사법 사례형은 이 시기에 어느 정도 쓸 수 있는 단계에 올라야 3학년을 편하게 준비할 수 있다. 물론 아직 3학년 겨울방학이 남아 있다. 그러나 3학년은 정말 시간이 부족한 시기이고, 다른 것을 보기에도 바쁜 시기이기에 이때 민사법 사례형이 어느 정도 되어 있냐에 따라서 다른 과목을 준비할 시간이 상대적으로 여유가 있게 될 것이다.

민사법 기록형은 어떻게 기록을 써야겠다는 생각이 들면 될 것 같다. 즉 틀을 잡을 수 있을 정도면 된다. 세부적인 내용은 3학년 1학기 때 민사재판실무를 하면서 세세한 포인트를 잡고 민법공부를 계속 하면서 알맹이를 채워가면 될 것이다.

---

59) 저자는, 3학년때 형사기록을 제대로 써본 적이 딱 4번 있다. 3번의 모의고사와 변호사시험 때이다. 그래도 나름 괜찮은 점수가 나왔다.
60) 일반적으로 민법과 민사소송법을 합친 것이다. 상법도 민사에 포함되는 과목이나, 사실상 독립적인 법이므로 여기에서는 별도로 분류한다.

보면 알겠지만 정말 뒤로 갈수록 시간이 없다. 그래서 해당 시기에 마무리를 하지 못하는 부분이 생기면 계속 부담으로 남는다. 2학년만 하더라도 정말 시간이 부족해서 위에 말한 것들도 다 챙기기 어려운게 현실이다. 그만큼 열심히 해야겠지만 말이다.

사실 간단하다. 이때까지 형사법 사례형과 기록형, 민사법 사례형이 웬만큼 완성되어 있어야 하고, 민사법 기록형의 경우 전체적인 틀이 되어 있어야 한다. 그래야 3학년을 맞이할 준비가 되었다고 할 수 있다. 즉 지금까지는 3학년을 준비하기 위한 과정이었다고 보면 되겠다.

(4) 3학년

﹂마지막 잎새

저자의 3학년 때를 되돌아보면 소설 '마지막 잎새'에서 주인공이 마지막 담쟁이덩쿨잎이 떨어지지 않는 것을 보고 점차 힘을 얻어 병을 이겨내는 것과 같았다. 끝나지 않을 것 같은 고통의 터널 속에서 점차 희망을 찾아나간 느낌이랄까?

2학년에서 3학년 넘어가는 겨울방학도 편의상 3학년으로 분류하겠다. 3학년은 마지막으로 각 과목의 선택형과 공법, 그리고 상법을 하면서 점차 변호사시험 과목 전부를 준비하는 시기이다. 그만큼 할 것도 많고 버릴 것도 점차 많아지는 시기이다. 또한 각 과목을 나름 시험을 볼 수 있을 수준으로 완성도 해야 한다.

한편 최신판례를 보기 시작해야 한다. 최신판례가 변호사시험에 얼마나 큰 영향을 미치는지는 굳이 말 안해도 알 것이다. 지금까지는 그냥 최판이구나 하고 지나갔다면 이제부터는 그걸 머리에 집어 넣어야 한다.

여기서 가장 중요한 것은, 3학년이 되었다고 공부를 더 열심히 할 것이라고 생각하면 큰 오산이라는 것이다. 2학년 때보다 더 몸과 마음이 지치기 때문에 오히려 공부를 더 하기 어렵다. 2학년 때 하는 수준을 현상유지하는 것도 쉽지 않다. 물론 1~2학년때 상대적으로 덜 한 사람은 3학년 때 더 열심히 할 수도 있겠지만 말이다.

_3학년 겨울방학

학교에서의 마지막 겨울방학이다. 물론 변호사시험 끝나고도 겨울이 돌아오지만 그때 마음껏 놀기 위해서는 지금 겨울방학때 열심히 해야 할 것이다. 한편 바로 위 선배들이 변호사시험을 보는 시점이기도 하다. 학교에 시험 분위기가 느껴지고 선배들의 시험이 끝나는 것을 지켜보면서 점차 나도 변시가 다가오고 있다는 것이 느껴진다. 마치 롤러코스터를 타려고 기다릴 때 내 앞줄이 점점 빠져나가는 느낌 같다.

3학년 겨울방학은 3학년이 되기 위한 마지막 준비과정이다. 지금까지 변호사시험을 준비해 왔지만 3학년 1학기가 시작하면 더욱

더 변호사시험만 준비하게 된다. 물론 학점이 남아있고 민사재판실무, 검찰실무2 등이 남아있지만 대부분은 변호사시험에 올인하게 된다.

이 시기는 민사법 사례형을 점검할 수 있는 마지막 시간이다. 이때까지 민사 사례형이라는 과목의 틀을 완벽히 익혀야 한다. 즉 웬만큼 완성을 시켜야 한다는 말이다. 또한 민사법 기록형도 계속해서 익혀나가야 한다. 무엇을 써줘야 하는지, 내용을 어떻게 구성하는지 점검해 나가야 한다.

재판연구원이나 검찰을 준비하는 사람들은 이 시기에 민사재판실무나 검찰실무2를 준비하게 된다. 이런 것을 준비하는 사람들도 결국은 변호사시험을 합격해야 하는 것이므로 변호사시험 공부 자체도 소홀히 하면 안 된다.[61]

그리고 지금까지 알면서도 외면해왔던 공법과 상법을 '제대로' 시작하는 시기이기도 하다. 특히 헌법의 경우 2학년 때까지 헌법에 대한 학교 수업이나 본인이 따로 준비한 것이 없는 이상 정말 1학년 입학 이후로 처음 헌법을 접하게 될 수도 있다. 이때만큼은 자존심을 버리고 법을 처음 접했던 때처럼 준비해야 할 것이다. 특히 헌법의 경우 헌법소송의 각 요건들이나 기본권 관련한 두문자 등을 외워두면 좋다.

---

[61] 간혹 변호사시험에 합격하지 못해서 재판연구원이나 검사임용이 되지 못하는 사람들도 발생한다.

상법의 경우, 대부분 회사법을 학교 수업으로는 접해봤을 것이다.62) 그런데 상법총칙 부분이나 어음수표법 부분은 아예 이때까지 본적도 없는 사람들이 있을 수 있다. 생각보다 상법도 양이 많으므로 미리 정리가 되어 있다면 공부하기 편하다. 마찬가지로 조급해하지 말고, 대부분 처지가 비슷할 것이니 처연하게 공부하자.

_ 3학년 1학기

3학년 겨울방학 중간에 각 출판사별로 그해 변호사시험까지 반영한 선택형 기출문제집을 내놓기 시작한다. 사람마다 차이는 있지만, 일단 이 새로운 기출문제집을 사는 것으로 3학년을 시작하는 분위기다.63) 어떤 방법으로든 선택형을 본격적으로 준비하기 시작하는 시기이기도 하다.

그렇다. 우리는 이 시기부터 선택형에 올인하기 위해서 지금까지 민사법 사례형과 형사법 사례형 및 기록형을 준비해 온 것이다. 선택형은 휘발성이 강하면서도 할 것이 많기 때문에 반복이 생명이다. 또한 기본적인 법학적 실력이 있을수록 선택형을 공부하는데 있어 효율이 높아진다. 즉 선택형을 준비하기 위해서 지금까지 공부해 왔다고 해도 어느 정도는 맞는 말이다.

---

62) 사실 회사법은 수업을 통해 정리하는 것이 가장 좋은 것 같다. 별도로 시간을 내기에는 뭔가 민사법이 급하고, 안 하고 있기에는 부담이 커진다.
63) 그런데 솔직히 요즘은 어떤지 모르겠다. 저자가 2학년일때만 하더라도 대부분 새로운 기출문제집을 다 사는 분위기였는데, 3학년일때는 1년 전과는 다르게 기출문제집을 사는 사람이 줄어들었다. 점차 기출문제집을 덜 보는 경향인 것 같다.

한편 공법에 대한 사례형과 기록형을 시작해야 하는 시기이다. 겨울방학때 지난 헌법과 행정법64)에 대한 기억을 되살리는 과정을 거쳤다면, 이제는 변호사시험을 위해서 사례형과 기록형을 준비해야 한다. 3학년이 되도록 이렇게 생소해도 되나 싶지만 지금까지 한 적이 없으니 당연한 거다. 남들도 다 비슷할 거니 조바심 내지 말고 천천히 준비를 하자.

상법도 참 난감하다. 사실 상법의 경우, 학교 수업에서 한번 정도는 다뤘겠지만, 그때 제대로 상법(특히 회사법)을 해두기는 쉽지 않다. 이건 뭐 민사법 중 하나면서도 민사법 같지는 않고 자세히 보면 뭔가 민법 비슷한 느낌도 드는 그런 과목이다 보니 지금까지 따로 상법을 본 적이 없다면65) 헷갈리기만 할 것이다. 그런데 어쩔 수 없는 것이다. 그래서 2학년까지, 늦어도 3학년 겨울방학까지는 시간이 된다면 정리 정도는 해 두는 것이 마음이 편할 것이다.

또한 이 시기는 민사재판실무가 있는 시기이다. 재판연구원을 준비하는 사람은 말할 것도 없고, 준비하지 않는다고 하더라도 민사법 기록형을 위해서 민사재판실무를 열심히 할 필요성이 있다고 본다. 민사법 기록형과 민사재판실무의 검토보고서 기재방식은 뭔가 다른 것 같으면서도 기본적인 원리가 유사하다. 또한 민사 전반에

---

64) 행정법의 경우 저자의 계획대로라면 2학년 여름방학때 한번 건드렸을 수는 있다.
65) 사실 2학년때 시간이 된다면 사례집 한 두번 정도는 봐주는 것도 괜찮다고 생각한다. 저자의 경우 원래 1학년 2학기 수업인 회사법 수업을 2학년 2학기때 재수강하는 방식을 통해서 상법을 한번 봐 두었다.

대한 이해도 키울 수 있다. 따라서 재판연구원을 준비하지 않더라도 민사재판실무는 열심히 해둘 필요성이 있지 않을까 하고 생각한다.66)

앞서 본 것처럼, 지금까지도 할 것이 많았지만 더욱더 할 것이 많은 시기인 것을 알 수 있다. 이런 와중에 형사법 사례형이나 기록형, 그리고 민사법 사례형을 제대로 하기란 정말 어렵다. 특히나 선택형 공부 진도가 정말 안 나간다. 문제를 풀던 OX집이나 정지문을 보던 뭘 보던 정말 쪽수 하나 넘기기가 벅차다. 심지어 양도 많다. 그러니 미리미리 사례형과 기록형을 준비해야 했던 것이다.

선택법도 가급적이면 이때에는 어떤 과목을 할지 정하고 준비하기 시작해야 한다. 더 일찍 시작하는 경우도 있겠지만 선택법마다 공부해야 할 양이 조금씩 다르므로, 적어도 이때부터는 선택법에 대해서 한번 알아보고 준비해야 한다.

마지막으로 6월 모의고사가 점점 다가오고 있는 시기이기도 하다. 6월 모의고사가 중요한 것은 뭐 말 안해도 '공부 좀 해왔던' 우리들 입장에서 당연한 것이기도 하다. 즉 6모를 준비하기 위한 모든 과목을 전반적으로 점검하고 준비해야 한다.67) 그런데 6모도

---

66) 개인적으로는 민재실을 민사기록형의 심화버전이라고 생각한다. 민사법 기록형보다 한 차원 높은 단계에서 기록형을 준비하는 것이라고 생각하면 될 것이다.
67) 근데 솔직히 공법 기록형까지 갖추기에는 정말 어렵다. 물론 일찍 시작해서 대비를 할 수도 있겠지만, 공법 자체에 대한 공부가 안된 상태에서 먼저 기록형을 시작하는 것은 무리라고 본다. 저자의 경우 공법기록형은 어떤 내용

결국 모의고사이고 과정일 뿐이다. 너무 모의고사의 결과만을 위하여 공부하는 것은 지양해야 한다. 우리가 보는 시험은 '변호사시험'이기 때문이다.

5월이 지나고 6월에 접어들면서 점차 몸이 6모에 반응하기 시작한다. 이때부터는 항상 시험에 대한 긴장감이 느껴진다. 이 긴장감은 이때부터 변호사시험장에 들어갈 때까지 점점 커진다. 따라서 마인드 컨트롤을 잘 하자.

_ 3학년 여름방학(6월·8월 모의고사)

6월 모의고사를 시작으로 3학년 여름방학이 시작한다. 이 시기는 진짜 마지막으로 내가 부족한 부분을 보충할 수 있는 기회이다. 6월 모의고사를 보고 나면 내가 어떤 부분이 부족한지 알 수 있다. 꼭 시험을 통해서 안다기보다는 6모를 준비하다 보면 이 부분이 이른바 '구멍'이 났다는 것을 알게 된다. 그 부분을 여름방학 때 메우는 것이다. 이때부터는 마치 롤러코스터를 타고 점점 올라가는 기분을 느끼게 된다.

한편 6모를 볼 때까지 당연히 부족한 부분이 있을 수밖에 없다. 특히 공법 부분이 그런데, 사례형이건 기록형이건 잘 되어 있기가 쉽지 않다. 민사법이나 형사법은 그래도 2학년까지 어느 정도 봤기

인지 거의 쳐다도 못 본채 6월 모의고사를 보러 갔다. 공부가 부족해서 그럴 수도 있기는 하다.

때문에68) 적어도 '푸는 시늉'이라도 낼 수 있지만, 공법의 경우 문제지를 받아보면 머리가 새하얄 수가 있다.69) 그래서 공법 사례형과 기록형을 이 시기에 최대한, 적어도 전국 평균치는 맞춰놔야 한다. 특히 기록형이 그렇다. 간혹 공법 귀신들이 있다. 언제 공부했는지 모르겠는데 공법을 기가막히게 하는 친구들이 있다. 특히 행정고시 좀 준비하다 왔다면 그럴 수 있다. 그런데 그건 그 친구들이 예외라고 생각하면 된다. 그냥 내 페이스대로 공부하자.

6모에 대한 이야기를 좀 더 하자면, 6월 모의고사를 변호사시험이라 생각하고 준비해야 한다. 6모때 한번 미끄러지면 복구하기 쉽지 않다. 그만큼 다른 사람들에게 뒤쳐졌다는 것이다. 내가 이 시기부터 아무리 열심히 해도 다른사람도 마찬가지로 열심히 할 것이기 때문에 이를 따라잡기란 정말 쉽지 않다. 또한 한번 뒤쳐졌다고 생각되면 쫓기는 마음이 생기기 때문에 공부에 집중도 잘 안 된다. 반대로 이 시기까지 공부를 정말 열심히 해야 한다는 것이다. 특히 선택형은 시험을 보고 바로 채점하고 바로 결과를 알 수 있는 만큼 체감하는 바가 크다. 추가로 덧붙이자면, 변호사시험 공부는 특히나 공부가 되어 있을수록 시너지가 많이 나는 것 같다. 7법이 서로 유기적으로 이해에 도움이 되기 때문이다. 이는 선택형과 사례형, 기록형도 마찬가지이다.

---

68) 봤을 것이다... 아니 봤어야 한다.
69) 사실 저자 이야기다.

앞서 말한 내용과 조금 다르다고 생각될 수도 있겠다. 너무 6모 결과에 매달리지 말라고 하면서 6모를 변시처럼 보라는 것이 말이 안될 수도 있겠다. 그러나 이건 6모를 잘 보기 위해서 시험 전에 선택형 같은 일부 유형만 주구장창 공부하지 말라는 것70)이다. 전체적인 완성도와 실력을 그때까지 높이라는 것이다.

한편 6월 모의고사가 끝나면 일단 1주일 정도는 회복시간을 가져 주는게 좋다. 우리는 이제 고등학생이 아니다. 따라서 이때 제대로 쉬지 않으면 피로가 남은 수험기간 내내 갈 수도 있다. 그래서 과감히 쉬는 것도 좋은 선택 중 하나일 것이다.71) 이 피로라는 것이 몸만 그런게 아니라 정신적으로도 힘들다. 시험기간 내내 집중력을 유지해야 하기 때문이다. 다만 아예 풀로 쉬던지, 조금씩 쉬던지는 자신의 몸 상태나 학습 상태를 보고 생각하자. 그럼에도 모의고사 정리는 가급적이면 늦지 않게 한다.72)

그 외에는 상법을 완성해야 할 시기이다. 회사법은 이 시기까지 어느 정도 되어 있어야 하고, 갈수록 상법총칙과 어음수표법의 중요성이 늘어나고 있는 만큼, 이 부분도 확실히 보강하고 가자. 한편 6모 끝나고 쉬고 부족한 부분을 정리하고 그러다 보면 8월 모

---

70) 그렇게 해봤자 금방 까먹기 때문에 내것이 아니게 된다.
71) 위에서 말한 대로, 6모때 선택형이 잘 안 나오면 쫓기기 때문에 잘 쉬지도 못하고, 그 피로가 계속 누적된다.
72) 본인은 학원 해설집이 나오는 기점으로 바로 했다. 선택형은 최신판례 위주로, 사례기록은 쟁점위주로 한다. 사실 시험이 끝나자마자 강사들이나 학교 교수님들의 강평자료가 나온다면 쉽겸 천천히 정리하는 것도 하나의 방법일 것이다.

의고사가 바로 돌아온다. 역시 끝나고 1주일 정도는 회복시간을 가져야 한다. 마찬가지로 해설이 나오면 바로 정리한다. 8모는 상대적으로 6모보다는 덜 힘들다. 약간 쉬어가는 느낌도 있다. 개인적으로 8모는 진짜 그냥 시험장에 마실 나가듯이 가볍게 보고 왔다.

여름방학이 정말 힘든 것은, 6모와 8모를 보는 사이에 틈틈이 선택형을 공부해야 하기 때문이다. 기출문제집을 풀던 OX집을 보던 1학기 때부터 하던 것을 계속해야 한다. 물론 도중에 책이 바뀔 수는 있다.73) 무엇이 됐던 진짜 쉼 없이 봐야 한다. 선택형 공부는 변호사시험을 보는 그 순간까지 해야 한다. 이처럼 적어도 이때부터는 공부에 쫓기기 시작한다는 것을 느낄 것이다.

또한 이 시기는 최신판례정리를 시작할 시기이다. 7월이 되기 시작하면 강사들이 최신판례강의를 개설하기 시작한다. 일반적으로는 8월달에 나오는 최신판례까지 시험에 나온다고 보면 된다.74)

한편 변호사시험까지 계속 반복할 수 있도록 책을 정리한다. 이 시기 이후로 책을 바꾸면 힘들다. 따라서 이 시기는 남은 기간동안 계속 반복할 책, 즉 시험장까지 들고 갈 책을 만들어 두는 마지막 기간이 될 것이다.

보면 알겠지만 민사법과 형사법의 사례형·기록형은 따로 챙기

---

73) 이건 가령 기출문제를 풀다가 OX로 갈아탄다던지 그런 것을 말하는 것이다.
74) 뭔가 딱 정해진 것은 아닌데, 특강오시는 교수님들 최신판례 내용을 보면 8월판례까지 되어 있었다.

기 어려운 시기이다. 간단하게 감 유지용으로 몇 번 써보는 것 말고는 따로 하지 어렵다. 그러니 지금까지 열심히 하라고 했겠지 말이다.

선택법도 계속 준비해야 한다. 6모 단계에서는 선택법이 구멍일 가능성이 높다. 물론 2학년 때부터 틈틈이 준비한 사람들도 있겠지만, 막상 6모때 문제를 딱 받아보면 공법보다 더 구멍일 수도 있다. 선택법에서 과락 뜨기 싫으면 선택법도 '제대로' 준비하기 시작해야 한다.

정리하면, 정말 여름방학은 변호사시험을 보기 위한 마지막 스퍼트를 위한 준비기간이라고 볼 수 있겠다.

_ 3학년 2학기(10월 모의고사)

대망의 3학년 2학기이다. 정말 이 시기에는 감 유지용으로 사례형과 기록형을 써보거나 책을 잠깐잠깐 보는 것을 제외하고는 선택형과 최신판례만 돌려야 한다. 여기에 선택법도 봐야 한다. 저자의 경우 2학기 때 선택법을 바꿨다. 다른 과목을 했었지만 결국 국제거래법을 선택하였다. 늦은 시기에 바꾸었기 때문에 하루에 1시간씩은 국제거래법을 공부했다. 선택법 때문에 3년 농사가 어려워질 수도 있다.75)

---

75) 실제로 어려워질뻔 했다...

이 시기는 선택형만 공부해도 사례형과 기록형까지 다 대비가 된다. 선택형 준비를 기출문제집으로 하는 경우, 해설부분의 판례를 잘 보고, OX집이나 정지문이라면 사례기록에 나올법한 내용을 표시해두어야 한다.76) 왜냐하면 기출문제의 경우에는 선지와 해설의 판례가, OX집이나 정지문은 지문 그대로가 사례형과 기록형에 있어서 키워드가 되기 때문이다.

물론 8모까지 있었던 구멍을 메우는 것도 중요하다. 그런데 이 시기는 버리는 미덕을 갖출 시기이기도 하다. 정말 남은 기간동안 이 부분을 봐도 답이 없어 보이면 쿨하게 버리고 갈 수도 있다. 가장 대표적인 부분이 상법의 보험법77)이나 헌법의 헌정사 정도가 있겠다. 그게 아니라도 사람에 따라 '제발 여기만 나오지 마라'하면서 기우제 지내는 심정으로 상법총칙이나 어음수표법, 행정법 각론 등을 버리는 사람도 있을 것이다.

2학기에는 10월 모의고사가 우리를 기다리고 있다. 10모는 6모와는 다른 느낌으로 중요하다고 생각한다. 6모는 '스타트'를 잘 끊어야 한다는 느낌인데, 10모는 '마지막 체크포인트'의 느낌이다. 즉 내가 변호사시험을 보러 들어가기 전에 자신감을 갖추면서 마지막 2개월을 이끌어 나갈 수 있는 동력이 될 수 있는 기회이다. 대부분은 이때 감이 올 것이다. 내가 변호사시험에 될 것 같은지 아닌지. 저자도 10모를 보고 나서 정말 되겠다는 생각이 들었다. 고

---

76) 민사는 워낙 범위가 많으므로, OX로는 사례기록까지 준비하기 어렵다. 그래서 문제집을 계속 갖고가라는 것이다.
77) 보험법은 사실 처음부터 버리는 경우가 대부분일 것이다.

득점은 아니지만, 어느 하나 구멍 없이 점수가 골고루 나왔기 때문이다. 선사기 모두 평타 이상이라는 생각이 들어서 계속 공부하는 자신감이 생겼다. 마치 어느 화가가 담벼락에 '담쟁이덩쿨'을 하나 그리고 간 심정이랄까?

한편 10모 때에는 변호사시험때 발생할 상황이나 자신의 신체상황 등에 대해 최종적으로 시험해 볼 수 있는 마지막 시기이다. 자신의 생리적 주기나 환경 등을 다시 한번 더 알아보고, 만약 변시 기간때 청심원등을 먹을 생각이 있다면 이때 먹어보고, 혹시라도 밤을 샐 생각이 있다면 이때 새 본다.[78] 시험 보면서 팔목 등의 상태도 주의깊게 살펴봐야 할 것이다. 식사도 신경을 쓴다. 혹시 어떤 음식을 먹으면 속이 안 좋은지 등도 알아봐야 한다. 즉 모든 것을 변호사시험때 일어날 상황 등을 체크하고, 준비할 것도 똑같이 준비한다.

10모도 마찬가지로 10일 정도 충분히 휴식기간을 갖고, 바로 시험내용을 정리한다. 진짜 이 시기는 몸도 마음도 상태가 바닥이기 때문에 정말 힘들다. 몸이 내 몸이 아닌 것 같다. 변호사시험까지 그나마 좋은 상태를 유지하기 위해서는 확실히 쉴 필요가 있다. 저자는 기분도 전환할 겸 10모 끝난 다음날 학교 뒤에 있는 감천문화마을에 올랐다.[79] 그리고 며칠간 공부시간을 줄였다.

---

78) 사실 새고 싶어서 새는 사람은 없을 것이다. 저자는 시험전에 잠을 잘 못자는 경향이 있어서 10모 첫날에 두시간 정도밖에 잘 못 잤다.
79) 여담인데, 이때 마스크를 쓰고 학교부터 걸어 올라갔더니 너무 힘들었다. 감천문화마을은 꼭 차로 올라가자.

대략적으로, 이 시기에 민사법은 선택형과 최신판례가 각 최소 3회독 이상, 나머지 과목들은 2회독 이상을 해야 한다. 적어도 그 정도는 해야 내 것이 될 수 있기 때문이다. 회독을 늘리면서 아는 것은 계속 지워나가야 한다. 또한 계속 까먹기도 하는데, 정말 밑 빠진 독에 물을 붓는 느낌이다. 이 시기쯤 되면 뭔가 예지력이 생기는데, '지금은 아는데 나중에 까먹을게 뻔한' 것들이 보이기 시작한다. 그리고 정말 기가막히게 그걸 까먹는다. 그런게 반복되다 보니 그러한 까먹게 뻔한 것들도 따로 표시해주었다.

　12월이 되고 학교 기말고사가 끝나면 정말 변호사시험 하나만 남게 된다. 위에서 말한 것처럼, 계속 내용을 줄여나간 결과 이 시기에는 모르는 것만 책에 남아 있다. 그래서 이 시기에는 진짜 아무것도 모르는 것 같은 착각이 들게 된다. 걱정하지 말자. 모르는 것만 모아서 보는 것이므로 당연히 모르는 것이다. 이미 위 단계를 밟아왔다면 충분한 실력을 갖추었을 것이다.

　저자는 이 모르는 것만 모아둔 작은 수첩이 있었다. 책을 보거나 문제를 풀 때마다 틈틈이 적어둔 것인데, 변호사시험 바로 전에 그것만 봤다. 사실 시험 전에는 그거조차 볼 시간이 없는데, 뭐 볼지 모르겠으면 이걸 본다는 생각으로 만들었었고, 실제로도 이걸 봤고, 도움도 많이 됐다. 흔히 말하는 '시험 바로 직전에 본 게 시험에 나온다'고 하지 않던가?[80]

---

[80] 물론 봤는데도 제대로 안 봐서 기억이 안난 부분이 있어서 땅을(속으로만) 쳤다. 후회할 일이 없어서 다행이었다.

3학년 2학기에는 정말 몸과 마음이 지칠대로 지친 상태다. 정말 말 그대로 '좀비'같이 걸어 다녔다. 아니 걷는다는 느낌도 들지 않았다. 항상 긴장해 있다 보니 피로도가 정말 크고, 잠도 충분히 자지 못해 항상 졸렸다. 또한 사람들도 가장 예민할 때다. 나도 그만큼 예민할 것이다. 이럴수록 정말 조심해야 한다. 잘 챙겨 먹고 틈틈이 잘 쉬자.

_ 3학년 정리

정말 선택형과 최신판례만 보는 시기이다. 1학기때에는 공법도 완성하여야 하고, 여름방학까지는 정말 모든 것이 완성되어야 한다. 좋은 결과가 있기를 바라며 공부하자. 3회의 모의고사는 사람을 정말 힘들게 한다. 컨디션조절을 잘 하자. 그리고 진정한 나와의 싸움이 있는 시기다. 개인적으로는 수능 때와는 비교도 안 되게 힘들었다. 그만큼 더 어려운 시험이기 때문이 아닐까 한다.

(5) 변호사시험

자, 이제 변호사시험만 남았다. 시험이 바로 앞이지만, 우리는 계속 공부를 해야 한다. 뒤가 없는 상태라서 정말 진짜 마지막이라는 생각으로 공부해야 한다. 실제로 마지막이기도 하다. 내가 이 책을 여기서 보고 시험 끝나자마자 찢어버린다는 생각으로 하자. 이제는 롤러코스터가 내려갈 일만 남았다.

1월이 되면 보통 진짜 마무리 반복을 한다. 마지막 계획을 잘 세우는 게 중요하다. 물론 실력이 이미 갖추어져 있다면 크게 중요하진 않겠지만, 간당간당한 사람들은 여기서 유의미한 차이를 벌릴 수도 있다. 부족한 것을 어떻게 조금이나마 메우냐가 될 수도 있기 때문이다. 저자의 경우, 시험 바로 전날인 월요일에 공법만 볼 것을 가정해서 시험 바로 전 토요일과 일요일은 공법을 보지 않고 형사법과 민사법을 보고, 월요일에는 공법만, 화요일에는 형사법만 봤다. 시험이 시작하면 수요일과 금요일은 따로 뭘 보기 쉽지 않다. 개인적으로는 기껏해야 한 세 시간 정도 볼 수 있었던 것 같다. 이런 걸 고려해서 마지막 계획표를 짜면 어떨까 한다.

책 처음에 소개한 것처럼, 중간에 하루 쉬는 날은 시험보다 수험생이 힘들어 죽는 것을 방지하기 위한 것이라고 생각한다.[81] 그만큼 시험은 힘들다. 한편 그 하루는 온전히 민사법에 투자할 수 있는 시간이기도 하다. 금요일은 다음날 사례형을 따로 준비할 수도 있지만, 선택법이 쫄려서라도 선택법을 좀 더 신경 쓸 수밖에 없다.[82] 따라서 그 귀중한 하루 휴식일에 민사법 최신판례를 보기로 정했다.

누구는 변호사시험을 다시 보는 것이 힘든 이유는 1년을 더 해야 하는 게 아니라 그 변호사시험 5일기간이 정말 지옥같았기 때문이라고 한다. 저자는 그 정도까지는 아니지만 정말 힘들었다. 시

---

[81] 그래서 이 시기에 링거를 맞는 사람도 있다.
[82] 그런데 이건 그냥 저자의 문제일 수도 있다. 선택법을 정말 늦게 시작했기 때문이다.

험이 다 끝나고 나서는 해방감 같은 것도 있었지만 그보다는 빨리 쉬고 싶다는 생각밖에 안 들었다. 그런데 놀랍게도, 그렇게 여기저기가 쑤시고 아팠던 것들이 변호사시험이 끝나면 기가 막히게 괜찮아진다.

시험이 진행되면서 점차 마지막으로 그 과목을 공부하는 순간이 올 것이다. 마지막 그 책을 덮는 순간의 본인 실력을 믿고 시험장으로 가자. 좋은 결과가 있을 것이다.

(6) 변호사시험 그 이후

사실 변호사시험이 끝난 다음에는 공부를 할 필요가 없다. 다만 몇가지 에피소드를 소개할까 한다.

변호사시험이 끝난 다음날 일요일에 잠깐 학교에 갈 일이 있었다. 학교 앞에 도착하니, 갑자기 큰 웃음이 나왔다. 정말 마음속에서부터 나오는 웃음이었다. 정말 크게 웃었다. 몇 년 만에 이렇게 웃었는지도 모르겠다. 지난 3년의 힘들었던 시간이 주마등처럼 지나갔다. 그런데 그때는 그런 생각이 있었다. 3년 동안 좋았던 추억이 단 한 개도 없었다고. 그만큼 치열하게 살았던 것 같다고 생각했다. 그런데 지금은 조금 생각이 달라졌다. 결과가 좋으면 과거가 미화된다고 했던가? '좋았던 추억'이 없었던 것이 아니라 추억이 있다는 것이 좋았던 것이라고. 고승덕 변호사는 『포기하지 않으면 불가능은 없다』 책에서 이렇게 말했다. '고시 준비를 하면서 방황하는 기간이 나중에 낭만적인 추억으로 기억될지는 몰라도 방황하는 동안은 정신적으로 엄청난 고통을 받게 된다'고. 정말 실감하고 동감하는 말이다.

그 이후에 학교를 다시 갈 때마다 지난 3년이 생각이 났다. 자주 가던 카페[83]가 있었다. 졸업한 후에도 카페 매니저님이 항상 인사를 잘 해주시는데, 3년간 거의 매일 방문하던 곳이다 보니 거기만 가면 추억이 새록새록 살아났다. 그런데 이런 것들은 다 최종적으로 변호사시험에 합격했기 때문에 누릴 수 있는 것들인 게 아닌가 한다.

한편 저자는 선택형 채점을 시험 끝나고 1주일 뒤에 했다. 시험 끝나자마자 잠시 본가에 올라왔다가 1주일 만에 다시 내려갔는데, 사실 채점하기 위해서 내려간 것이다. 집에 말은 하지 않았다. 그런데 KTX를 탈 때부터 점점 몸이 떨리더니 부산역에서 학교까지 가는 버스를 타고 가는 중에는 정말 정신을 못 차릴 정도였다. 정거장도 잘못 내릴 정도였다.

아무튼 무사히 부산 집에 도착해서 시험지를 펼치고 채점을 하려고 하니, 손이 덜덜 떨려서 도저히 한 손으로 못 하겠었다. 그래서 두손으로 했다. 헌법부터 하는데, 1번 맞고 2번 틀리고 3번 맞고 4번 틀리고 5번 맞고 6번 맞고 7번 틀리고 그랬다. 진짜 눈앞이 하

---

[83] Episode in coffee

얘진다는 것이 이런 것이었다. 결국 헌법에서만 11개를 틀렸다. 바로 망했다는 생각이 들었다. 다행히 행정법에서 2개밖에 안 틀리는 바람에 안도했다. 평타는 쳤다는 생각으로 형사법을 했다. 형사에서는 5개밖에 안 틀렸다. 이제는 됐다는 생각이 들었다. 그런 생각이 들자마자 민사법에서 첫장에서 두 개 틀리고 시작했다.(...)

다행히 민사법, 그중 민법에서는 앞장 두 개 말고는 몇 개 더 틀리지는 않았다. 상법과 민사소송법도 마찬가지였다. 최종적으로는 13개를 틀렸다. 사실상 변호사시험 합격했을 때보다 이때가 더 기분이 좋았다. 119개면 안정권이기 때문이다.[84] 진짜 됐다는 생각이 들었다. 아마 법학전문대학원 합격하고 나서 가장 기분이 좋았을 때가 아닐까 한다.

그 기분은 딱 두달 정도 가는 것 같다. 3월 중반부터가 되니 시험 전과는 다른 긴장감이 들었다. 혹시라도 선택형에서 마킹이 밀렸으면 어떻게 하지?, 사례형이나 기록형에서 혹시 망한 건 아닐까?, 선택법에서 과락이 뜨면 어떻게 하지? 등의 온갖 걱정이 밀려 들었다. 남들은 뭘 걱정하냐 그랬다. 또는 긴장이 아니라 걱정하는 사람들도 있었는데 넌 왜 그러고 있냐는 사람들도 있었다. '배부른 소리하고 있네'라는 말도 들었다. 그런데 그때 정말 고생했다. 3학년 때도 없던 피부염이 올라와 피부과에 다니기도 했다.

그러던 중 2021년 4월 21일이 됐다. 그날은 아침부터 법무부

---

84) 당시 금컷이 99개인가 그랬던 것 같다.

홈페이지 새로고침만 했다. 합격자발표 국룰인 오전 10시에는 안 나왔다. 오전이 다 가도록 발표가 안 뜨길래 '그래, 점심 먹고 올리려나 보다' 생각이 들었다. 그다음 국룰인 오후 2시를 기대했는데, 역시 안 올라왔다. 진짜 그때부터는 5분마다 새로고침 했던 것 같다. 출전을 앞둔 군인의 기분이랄까, 비장한 마음으로 계속 새로고침만 눌렀다. 그렇게 3시가 지나고 4시가 지나고 5시가 지났다. 그러다 6시가 되기 조금 전, 새 글이 올라왔다. 합격자 발표가 딱 뜬 것이다. 엄청난 압박감 속에서 수험번호를 하나하나 입력했다. 그 이후의 결과는 지금과 같다.

2-3. 유형별 공부방법

(1) 들어가기 앞서

변호사시험은 크게 선택형, 사례형, 기록형으로 구성되어 있다. 이 각 유형들은 같은 법이라도 공부 방식이 조금씩 다르다. 준비해야 하는 책도 다르다. 그렇기에 우리는 변호사시험을 준비함에 있어 어떻게 준비해야 할지 생각해보아야 한다.

이중 사례형은 수험법학의 공부에 있어 가장 중요한 유형이라고 생각한다. 흔히 말하는 '리걸 마인드'를 익히는데 가장 중요하면서도 다른 유형을 학습하는데 기둥 같은 역할을 하기 때문이다. 심지어 배점도 가장 크다. 그렇기에 우리들은 3년의 대부분을 사례형 공부에 투자하게 된다.

　선택형은 변호사시험의 합불에 가장 직접적으로 영향을 미친다. 선택형은 다른 유형과는 다르게 점수가 맞는 개수대로 들어가기 때문이다. 즉 사례형과 기록형은 표준점수화되어서 환산된 점수로 들어가지만 선택형은 맞은 개수 × 2.5로 들어간다. 그런데 사례형과 기록형은 각 성적의 평균을 각 과목별 배점의 50%로 부여하기 때문에 시험 전체 응시자의 약 50%가 합격하는 변호사시험의 특성상, 사례형과 기록형에서 평균정도를 맞고 선택형을 평균 이상으로 맞게 되면 합격이 되는 구조이기 때문이다. 그런데 함정인 것은 선택형은 휘발성이 굉장히 크다. 또한 기본적인 법학실력이 받쳐주지 않으면 정말 '개수'가 나오지 않는다. 그러다 보니 3학년때 되어서 집중적으로 준비하는 것이 좋다고 본다.

　기록형은 사법연수원의 시스템이 내려온 것이라고 생각한다. 개인적으로는 판결문과 사례형의 중간 형태라고 본다. 어떻게 보면 실무와 가장 관련성이 큰 유형이다. 그런데 결국 기록형도 실력판단의 잣대 중 하나이기 때문에, 기본적인 법학실력에 기록형 특유의 형식만 익히면 상대적으로는 쉽게 준비할 수 있다.

　이렇듯 각 유형들은 저마다 특징을 가지고 있다. 따라서 준비하는 방식이나 시기도 조금씩 다를 수밖에 없다. 지금부터는 저자가 3년동안 고민하였던 내용들을 소개하고자 한다. 다만 시기와 중요성을 고려해서 사례형 - 기록형 - 선택형 순으로 소개하겠다.

(2) 사례형

_ 사례형을 시작하기 앞서

사례형은 법학의 기본이다. 문제에서 어떤 법리적 문제를 제시하면, 우리는 그 문제에 대한 법리적 해결을 해야 한다. 변호사의 업무와 맞닿아 있는 부분이기도 하다. 그래서 '리걸 마인드'와 영향이 있다고 본다.

사례형은 수험법학의 기본이기 때문에 1학년 때부터 꾸준히 해야 한다. 학년별 학습방법에서 지겹게 말한 것처럼 3학년에는 따로 사례를 볼 시간이 별로 없다. 따라서 1학년 시점에서는 민사법과 형사법의 기본적인 수준[85]은 갖추어야 하고, 3학년 겨울방학까지 민·형사의 사례가 완성되어야 한다.[86] 공법 및 상법의 경우 늦어도 3학년 여름방학까지는 완성하여야 한다.

학년별 학습방법에서 지겹게 말한 것처럼 3학년에는 따로 사례를 볼 시간이 별로 없다. 따라서 3학년에 올라갈 시점에서 적어도 민사법과 형사법은 사례의 틀이 잡혀 있어야 한다.

사실 사례형은 사람마다 기재하는 방식이 다 다르다. 또한 이를 공부하는 방법도 다양하다고 본다. 그러나 채점기준표는 하나이고, 채점의 대상도 결국 채점기준표에서 요구하는 내용이 들어가 있는

---

[85] 적어도 소목차를 잡을 수 있을 정도
[86] 완성과는 조금 다른 개념으로 법리만 알면 바로 쓸 수 있을 수준의 틀을 잡는 것이다

지를 보는 것이다. 즉 무엇을 써야 득점이 가능한지 알아야 하고, 출제자가 원하는 것을 써 주어야 하는 것이다.

사례형에서 가장 중요한 것은 결론을 찾는것보다 정답을 '잘' 쓰는 것이 중요하다. 즉 결론을 맞추는 것은 시작일 뿐이다. 이 결론을 어떻게 쓰느냐에 따라 점수가 갈리게 되는 것이다. 이 점을 염두하고 사례형 공부를 시작하자.

_ 사례형 문제의 유형

사례형 문제는 크게 「논점추출형」과 「논점제시형」으로 구분할 수 있다. 논점추출형은 말 그대로 문제에서 논점을 찾아서 풀어야 하는 것이다. 반면 논점제시형은 문제에서 논점을 주는 문제이다.

사법시험 시절에는 주로 논점추출형이 많이 나왔다. 반면 변호사시험 사례형은 논점을 문제에서 제시하는 논점제시형이 많이 나오는 편이다. 아무래도 논점제시형이 난이도는 쉽지 않을까 한다. 말 그대로 쓰라는 것만 잘 쓰면 되는 방식이기 때문이다. 그런데 조심해야 할 점은, 논점제시형인 것처럼 보이지만 논점을 다 주는 것이 아닌 중간중간에 논점을 숨겨놓는 문제들도 있다. 따라서 배점과 논점의 비중 등을 고려해서 혹시 숨겨져 있는 논점이 있지는 않을까 하는 합리적 의심을 하면서 문제를 풀어나가는 것이 중요하다.

_ 사례형과 판결문

판결문을 보면, 처음에 무엇이 쟁점이 되고 있는지를 소개한다.[87] 그 후 [1]에서 관련법리를 설시, [2]에서 사안포섭, 그리고 또 다음 다시 쟁점소개 후 [3]에서 관련법리 설시, [4]에서 사안포섭을 한다. 그리고 주문이 있다.[88] 어디서 많이 본 구조가 아닌가? 바로 사례형의 구조다. 1. 쟁점의 정리, 2. 소목차 3. 관련법리 4. 사안 5. 결론 방식의 구성방법이 기본적인 사례형 구조이다. 그렇다. 사례형이란 것은 바로 판결문을 우리가 쓴 것과 다를 것이 없다. 문제에서 제기된 법률적 쟁점에 대해 법리판단을 통한 결론을 내리는 것, 그것이 바로 사례형이다. 즉 사례형은 법조인이 하는 역할인 것이다.

_ 사례형의 구성

1) 쟁점의 정리

쟁점의 정리는 논점의 정리, 쟁점, 문제점 등 다양한 표현으로 기재한다. 이 중 어떤 표현을 쓰던지 상관은 없는 것 같다. 자신에게 맞는 표현을 쓰자.[89] 중요한 것은 이걸 꼭 써줘야 한다는 것이다.

일반적으로 배점은 전체 문제 배점에 있어 10% 정도를 차지한

---

[87] 가령, ~점 에 대해 ~되는지(적극) 또는 (소극) 이라고 기재되어 있는 부분을 말한다.
[88] 물론 주문은 판결문 첫 부분에 있다.
[89] 본인은 민사는 주로 논점의 정리, 형사는 문제점, 15점 이하 문제는 쟁점 등으로 기재했다. 이는 아무런 이유 없이 자의적으로 선택한 표현이다.

다.90) 즉 20점 문제라면 2점 정도가 배점되어있다. 주로 기재하는 내용은 소목차의 내용을 조합해서 쓰는데, 배점이 2점이라면 보통 1점 정도를 준다고 한다.91) 이를 반대로 해석하면, 뭐라도 맞는 말을 쓰면 1점이 나가고, 잘 쓰면 2점이 나간다는 것이다. 따라서 이 부분은 꼭 써주되 너무 완벽하게 쓰려고 스트레스받는 것은 좋지 않을 것 같다.92)

그런데 문제를 보다 보면 10점, 15점짜리도 있다. 이런것들도 쟁점의 정리를 기재해 주어야 할까? 보통 이러한 점수는 배점이 따로 안되어 있는 경우도 있으나, 있는 경우가 더 많은 것 같다. 그렇다면 쓰는 것이 점수에는 도움이 될 것이다. 크게 힘 안 드는 부분이므로 그냥 써주자. 기술적인 측면인데, 저자는 10점이나 15점짜리 문제는 답안지에 공간이 부족할 수도 있으므로 따로 소목차를 내지 않고 바로 '~가 문제된다' 는 방식으로 기재해 주었다.

기재하는 내용은 일반적으로 소목차를 정리해서 기재해준 방법 정도를 생각할 수 있다. 소목차 자체가 그 목차에서 내가 무슨 내용을 언급할 것인지, 즉 쟁점을 써주는 것에 해당하기 때문이다. 그렇다고 대충 나열하지는 말고, 예를 들어 ~에서 무엇이 문제된다(10점 문제), ~사안에서 어떤 점, 어떤 점에 대한 판례의 태도가 문제된다 등이 일반적 기재가 될 것이다.

---

90) 채점기준표(채기표)를 보다보면 대충 이정도 배점이 되어 있다.
91) 채점경험이 있으신 교수님의 말씀이다.
92) 물론 잘쓰면 좋다.

기재 분량은 보통 해당 문제의 배점에 맞춰서 쓰는 것이 얼추 맞았다. 가령 20점 문제는 2줄, 30점 문제는 3줄 정도를 기재하였다.93) 마찬가지로 10점 문제는 1줄을 기재하였다. 그렇다면 15점이나 25점은 어떻게 써야 할까? 문제따라 다른데, 기본적으로 5점이라는 이 애매한 배점은 작은 논점이 하나 더 들어있다는 것인데, 작은 논점임에도 중요한 논점이라면 좀 더 자세히 써주고, 아니라면 간단히 정리하면 웬만큼 해결이 된다.

2) 소목차

개인적으로는 소목차에 크게 신경쓰지 않는 것이 좋을 것 같다. 처음 법학 공부를 시작할 때, 소목차 잡는게 어려워서 걱정을 많이 했다. 그런데 그건 그냥 그 문제의 논점이 무엇인지 몰라서 그런 것이었다. 논점을 안다면 그 논점을 써주면 된다. 따라서 쟁점의 정리와 연계되어 생각할 수밖에 없는 것이다. 논점을 간단하게 적어준다고 생각하자. 그러면 자연스럽게 해결된다.

다만 소목차를 배치하는 것은 중요하다. 소목차 하나는 일반적으로 10~15점이 배점되어 있다.94) 반드시 일치하는 것은 아니지만 대강 그 정도의 비중을 갖는다. 반대로 말하면, 하나의 논점이 10~15점이라고 볼 수 있으므로 역으로 해당 문제의 논점이 몇 개인지도 파악할 수 있다. 가령 20점 문제라면 논점이 두 개일 가능성이 높고, 25점이라면 10점과 15점의 논점으로 구성되어 있거나

---

93) 이것은 개인수준의 문제이므로 본인이 쓰고 싶은 분량을 기재한다.
94) 물론 10점 미만의 경우도 종종 있다. 문제마다 case by case라고 보면 된다.

10점 논점 두 개와 5점 논점 한 개 등으로 구성되어 있을 가능성이 있는 것이다. 물론 같은 논점도 문제에 따라 배점이 달라질 수는 있는데, 일반적으로는 비슷한 수준으로 배점이 되어있을 것이다. 이를 이용하면 해당 문제의 논점이 개수를 파악하고 어느 정도로 써줘야 할지 감이 올 수 있다.

그런데 법리는 검토해야 하는 순서가 있다. 저자는 이걸 'Build-up'이라고 하는데, 즉 A를 검토하고 B를 검토해야 C라는 결과를 도출할 수 있다는 것이다. 따라서 처음에 글을 쓰기 시작할 때부터 이 순서를 검토해야 한다.95) Build-up에 대한 내용은 좀 더 뒤에서 설명한다.

3) 관련법리

법학에 있어 법리는 크게 3가지에 근거한다. 『법령(조문)』, 『학설』, 『판례』가 있다. 여기에 수험법학에 있어서는 『내 생각』이 있다. '내 생각'이 도대체 뭐냐면, 문제를 풀다 보면 잘 모르겠지만 뭐라도 적어야 하는 상황이 빈번하게 나온다. 이런 경우에는 그냥 생각나는대로 써야한다. 이건 뒤에서 좀 더 설명하겠다.

법령(조문)은 모든 법리의 근원이다. 이를 바탕으로 학설과 판례가 존재한다. 즉 조문이 있고 학설과 판례가 있는 경우가 절대 다수이며, 대부분의 논점은 위 조문을 어떻게 해석해야 하는지 문제

---

95) 민사에 있어 피고들의 관계가 통상공동소송의 관계에 있다고 서술한 다음 공동소송인독립의원칙을 언급해야지 그 순서가 바뀐다면 그건 하자가 있는 법리 제시일 것이다.

되는 것이다. 그러므로 처음 법리 제시는 관련 법령이 있다면 반드시 깔아준다. 현실적으로는 조문에 배점이 되어 있을 가능성이 높기 때문이다. 전문을 언급할 필요까지는 없고, 간단히 언급한 후 조문을 옆에 써주는 것만으로도 충분하다고 본다.96) 가급적이면 무슨 법인지까지 써주어야 한다. 가령 뜬금없이 갑자기 "제7조"하면 뭔지 알기 어렵다. 기본7법이야 대충 알지만 특별법인 경우에는 난감하다. 채점자 입장에서 '이거 나보고 찾아보라는 건가?'라는 이미지를 줄 수 있다. 따라서 무슨 법인지도 써주자.97) 조문을 잘 써주면 전체적인 답안지의 퀄리티도 높아지고, 채점자 입장에서도 긍정적인 느낌을 받을 수 있을 것이다.

조문이 이렇게 중요하다 보니 '조문 스터디'를 하는 경우도 있다. 조문 자체가 공부에도 도움이 되나. 책의 구성이 조문순서대로 되어 있는 경우가 많으므로, 입체적 이해에도 도움이 된다. 저자의 경우는 조문 스터디를 따로 하지는 않았지만 법전을 두 개 구해서 하나는 시험용, 나머지 하나는 틈날 때마다 읽으면서 조문을 따로 공부했다.

그런데 조문을 쓰지 않는 사람들이 간혹 있다. 조문을 써줘야 하는지 모르는 사람들이 있는데, 그런 경우들이 모여서 점수 차이가 발생하게 되는 원인들이 된다. 애매하면 써주는 방향으로 가자.

판례는 말할 것도 없이 가장 중요한 부분이다. 판례의 중요성은

---

96) 이는 시간상 지면상 한계가 있기 때문에 어쩔수 없는 부분이다.
97) 동법, 동조 등을 활용해준다면 좋다.

쓰면 손 아픈 정도이다. 보통 판례를 언급할 때에는 판례에 따르면 또는 ~ (판례) 등으로 내가 쓴 내용이 판례라는 것을 알게 해주는 것이 좋다. 다만 이 내용이 판례인지 아닌지 확실치 않을 때에는 판례라는 표현은 함부로 쓰지 않는 것이 좋다. 한편 판례를 기재할 때에는 기본적인 원칙은 키워드나, 가급적 말은 되게 써주는 것이 좋고, 문장단위로 써 준다면 더욱 좋을 것이다. 간혹 전 판례도 기재해주는 경우가 있는데(판례가 변경된 경우) 써주면야 좋겠지만 그런 것까지 공부하고 써주는 것은 쉽지 않다.98)

학설은 사례형에 있어 정말 이견이 있는 부분이다. 학설을 써주어야 하는 것인지 아닌지에 대해서 말이다. 예전 사법시험 시절에는 학설-판례-검토 즉 학·판·검이 하나의 세트99)로서 반드시 기재해야 하는 과정이었지만, 변호사시험은 판례위주의 시험이므로 학설과 검토 부분의 중요성이 상대적으로 줄었다. 다만 학설의 대립이 있는 부분은 배점이 되어있는 경우가 많다. 대부분 기재조차 잘 하지 않기 때문에 큰 차이가 없는 것일 뿐이다. 그러나 어디까지나 학설에도 배점이 되어있는 경우가 제법 된다. 대놓고 학설을 물어보는 문제도 종종 나온다. 시간이 나면 공부해주자.

민법의 경우 워낙에 판례가 많으므로 학설대립이 있는 부분은 거의 없다. 학설의 대립이 있는 부분이 몇 개 안 된다. 그 외에 나머지 6법은 학설의 대립이 있는 것들이 종종 나온다. 그러나 이를 전

---

98) 다만 써주면 높은 확률로 추가점수를 노릴 수는 있을 것이다.
99) 일부 사례집을 보면 아직도 이런 기재방식을 따르는 책이 있다.

부 공부하는 것은 쉽지 않은데, 타협점으로 학설의 이름 정도 기재해주면 좋을 것이다.100)

앞에서 설명한 '내 생각'은 무엇일까? 문제를 풀다 보면 학설이나 판례가 생각이 나지 않을 때가 있다. 특히 판례의 경우에는 기억이 나지 않는 경우가 더 많다. 이럴 때는 어쩔 수 없이 생각나는 대로 쓸 수밖에 없다.101) 그런데 공부가 웬만큼 되었다면, 내 생각을 쓰는 것인데도 실제 정답과 비슷하게 써지는 경우가 의외로 종종 있다.

검토 부분은 사법시험 시절에는 필수적 요소였지만, 변호사시험에서는 쓰는 경우가 많지 않다. 다만 다수설과 판례가 갈리는 부분이거나 학설의 대립이 크게 의미 있는 경우에 검토를 기재하면서 어떤 입장이 타당하다고 한다면102) 이 부분에 배점이 되어 있거나 배점 자체는 없지만 추가점수가 들어갈 수 있으니 검토를 기재하는 것도 생각해 보자.

'의의' 부분은 어떤 법률적 개념에 대한 설명을 하는 것이다. 민법이나 형법은 바로 법리제시를 하기 바쁘고, 딱히 쓸만한 내용이

---

100) 그런데 반드시 학설의 내용까지 기재해야 하는 부분이 있다. 다수설과 판례가 대립하는 부분이라던지 학설 자체가 매우 중요한 의미를 갖는 것이 있다(ex. 행정법에서 행정소송법 제12조 법률상 이익에 대한 학설의 대립 등은 반드시 기재한다). 이런 것은 반드시 기억하고 쓴다.
101) 사실 이런 경우가 제법 많다. 어쩔수 없이 지어내서라도 써야 하기 때문이다.
102) 주로 판례나 다수설의 입장을 지지할 것이다. 그러나 검토를 써줄만큼 중요한 내용이라면 다른 입장을 적는 것도 자신이 있다면 괜찮을 것이다.

많지 않다. 그런데 나머지 5법에서는 상대적으로 중요하다. 특히 공법의 영역은 의의에 배점이 많다.103) 상법은 모의고사 채기표를 보면 의외로 의의에 배점이 되어 있는 경우가 많다.104) 그러니 틈틈이 알아두자. 절차법(민사소송법이나 형사소송법)에서도 언급할 필요가 있는 문제들이 있으니 언급할 수 있으면 좋다고 생각하자.105) 가령 민사소송법에서 재소금지 같은 경우는 사실 조문을 언급하면 자연스럽게 해결이 되고, 형사소송법에 있어 위법수집증거 부분 역시 조문을 쓰고 간단한 개념을 써주면 해결된다. 조문을 활용해서 써준다고 생각하자.

요건이 문제되는 경우도 있다. 요건은 어떠한 법률효과가 발생하기 위해 갖추어야 할 내용이다. 요건 쓰는 문제는 종종 나오고 배점도 있으므로, 반드시 기재한다. 보통 그 요건 중 한 두개가 논점이 되는 경우가 대부분이다. 문제에서 요건에 대한 배점이 적어 보이면 필요한 요건만 써주고 갈 수도 있다. 이 경우 나머지 요건들에 대해서는 '나머지 요건들은 따로 문제되지 않는다' 정도로 간단히 정리하고 지나가면 된다.

---

103) 공법의 경우 일단 개념부터 특정해야(ex. 어떤 기본권인지, 그 기본권의 보호법익은 무엇인지 또는 행정법에서 행정행위의 개념설시 등) 그다음 논의가 가능한 경우가 대부분이기 때문이다.
104) 그런데 이는 모의고사의 경우 그런 경향이 크다. 상법 모의고사 사례형에는 의의 부분에 배점이 많이 되어 있는 경우를 볼 수 있다. 변호사시험은 채기표가 없으므로 이를 확인할 길은 없다.
105) 물론 필수적으로 언급이 필요한 문제들도 있다.

4) 사안포섭

결론부터 말하자면, 사안포섭을 잘해야 한다. 내가 위에서 제시한 법리는 모두 훑고 지나가야 한다. 만약 빼먹는게 있다면 논점을 쓸데없이 더 적은 것이던지 아니면 사안포섭에서 빼먹은 것이다. 사안포섭을 잘한다는 것은 결론과 중복이 되지 않으면서도 제시한 법리를 모두 언급하고 지나가는 것이므로, 중요한 스킬이다.

5) 결론부분

결론은 판결문에 있어 주문에 해당하는 부분이다. 보통 문제에서 물어본 것에 대한 답을 써준다. 가령 '증거능력이 인정되는가?' 하고 물어보면 '~하기 때문에 인정된다'고 적으면 된다. 기재방식은 크게 신경 안써도 된다. 그냥 문제에서 물어본 방식대로만 쓰면 된다.

그런데 변호사시험 민사법 사례형에서 종종 법원의 판단을 물어보면서 청구인용시 그 범위까지 제시하는 경우가 있다.106) 이에 대하여 일부 책들은 일반적인 인용범위만 제시하는데, 개인적으로는 청구취지 형식으로 기재하는 것이 맞는 것 같다. 사실상 기록형과 유사한 부분이라고 할 수 있겠다.

결론부분은 보통 전체 배점의 10% 정도를 차지한다. 즉 20점 문제이면 2점 정도가 된다. 그런데 위에서 말한 청구취지처럼 결론을 정확하게 맞추는 것이 중요한 문제의 경우 더 큰 배점이 되어있는 경우가 있다.

---

106) 이런 건 결론에서 배점이 좀 더 높다.

한편 결론을 단순히 단답식으로만 쓰는 것은 위험한 것 같다. 문장으로 법리제시 간단히 언급하고 이에 대한 사안포섭한 결과가 어떻다 식으로 쓰면 되지 않을까 한다.107)

_ Build-up

1) Build-up(빌드업)은 무엇인가

법학에서 빌드업이라는 단어는 없다. 저자가 만든 단어다. 그렇다면 빌드업이라는 개념은 무엇일까? 사례형 답안지를 작성하다 보면, 법리상 순서대로 언급해야 하는 경우가 있다. 이에 대해서 아래부터 법리를 쌓아 올린다는 측면에서 빌드업이란 단어를 사용하였다. 간단하게 설명하면, 형법에서 '강도치상'이라는 죄가 인정되는지를 알아보려면 강도가 성립하는지 먼저 따지고 그다음 결과적 가중범인지를 따져야 한다. 밑에서 사례를 간단히 들어보겠다.

2) 예시 1108)

토지소유자의 토지점유자(건물소유자)에 대한 건물철거 청구에 있어, 원고의 청구가 인정될 것인지 법원의 판단을 묻는 경우에, 가장 먼저 원고에게 청구권이 무엇인지 특정을 해야 한다. 즉 민법 제213조, 214조를 언급하여 청구권이 무엇인지 언급을 해야 할 것이다. 그다음 원고의 청구가 인용되기 위해서는 청구의 요건사실을 갖추었는지 검토해야 한다. 원고의 토지소유사실 및 피고의 토지점

---

107) 30점 문제에서 결론에 단순히 '인정된다'만 쓰고 지나간다면 진짜 부분점수를 받게 되어도 할말이 없을 것이다. 조금은 문장을 만들어주자.
108) 법전협 모의고사 2019년 6월 제2문의1 1번 문제 참고

유사실을 입증해야 한다. 즉 위 요건사실을 갖추었는지가 소목차의 내용이 될 것이다.

그렇다면 첫 번째 소목차는 원고의 소유사실 인정여부가 될 것이다. 가장 간단한 경우로는 등기에 소유권이전등기가 원고 명의로 되어있다는 사실일 것이다. 만약 경매로 소유권을 취득한 것이라면, 민사집행법 제135조의 '매각대금완납시' 소유권을 취득하고 이는 민법 제187조의 등기가 필요 없는 소유권취득이므로 위 조문을 언급해준다면 원고의 소유권이 인정될 것이다.

피고의 점유사실은 점유사실 자체로 인정되는 것이므로, 이에 대하여 피고의 항변이 쟁점이 되게 된다. 즉 그다음 소목차는 피고의 적법한 점유가 된다. 항변사유로 지상권이나 유치권 등이 문제 될 수 있을 것이다.

만약 피고의 항변이 타당하다면 법원은 청구기각의 판결을 할 것이고, 부당하다면 청구인용의 판결을 할 것이다. 정리하자면, 먼저 원고의 소유사실 및 피고의 점유가 적법한지의 요건사실이 쟁점이 될 것이고 각 소목차가 된다. 그리고 각 소목차별로 원고점유사실 및 피고점유의 적법성을 검토하면 된다. 즉 이를 순서대로 검토해야 하는 것이다. 각 소목차마다 법리를 제시하고 이에 대한 사안의 포섭 역시 적절히 해준다.

여기서는 검토하지 않았지만, 소제기의 적법성 자체가 문제 될 가능성이 있다. 법원의 판단에는 소각하도 분명히 있기 때문이다. 그런 경우라면 이는 본안판단 전의 단계이므로 가장 먼저 검토해야 할 것이다.109)

3) 예시 2110)

채무자가 채권자에게 돈을 빌리면서 물상보증인이 자신의 부동산을 채무자 소유의 부동산과 함께 공동담보로 제공하고 제1순위의 공동저당권이 설정된 경우에, 물상보증인 소유의 부동산에 제2순위의 저당권자가 있다고 가정하자. 이때 채권자가 채무자의 채무불이행을 이유로 물상보증인 소유의 부동산에 경매를 신청한 경우, 채무자가 물상보증인에 대해 갖는 반대채권으로 물상보증인의 구상금채권을 상계할 수 있는지가 문제이다.

상계가능성을 물어보았으므로, 일단 상계의 요건을 적시한다. 만약 요건들 중 채권의 성격상 상계금지 채권인지가 주된 쟁점인 경우, 다른 요건은 문제가 없다는 식으로 사안포섭을 하고 첫 번째 논점을 끝낸다.

그 다음으로 상계가 허용되는 지에 대해, 대법원 판례인「채무자는 선순위공동저당권자가 물상보증인 소유의 부동산에 대해 먼저 경매를 신청한 경우에 비로소 상계할 것을 기대할 수 있는데, 이처

---

109) 민사소송법 문제에서는 피고적격 등이 별도로 문제될 여지가 있고, 채권자 대위권 행사에 있어서도 소의 적법성 문제는 등장할 수 있을 것이다.
110) 법전협 모의고사 2019년 6월 제2문의1 2번 참고

럼 우연한 사정에 의하여 좌우되는 상계에 대한 기대가 물상보증인의 소유의 부동산에 대한 후순위저당권자가 가지는 법적 지위에 우선할 수 없다」는 법리를 적절히 기재하고 이에 따라 상계가 불가능하다고 사안포섭을 하면 된다. 이때 위 판례는 '우연한 사정' 등이 키워드가 될 것이다.

4) 빌드업의 중요성

빌드업은 말 그대로 내가 어떤 결론을 내기 위하여 법리를 쌓아 올리는 것과 같다. 즉 내 문장을 논리적으로 전달하는 것이다. 모든 판결문은 이러한 빌드업을 거쳐서 결론(주문)에 이르게 된다. 밑도끝도 없이 쓰는 것이 아닌 것이다. 멀리 갈 것도 없이 재판실무를 하다 보면 이러한 구조로 쓰여진다는 것을 알게 될 것이다. 특히나 민사재판실무의 경우 항변순서도 정해져 있다.

이러한 빌드업은 변호사가 된 다음에도 필수적이다. 소장이나 답변서, 준비서면 등을 쓸 때도 빌드업이 제대로 되지 않은 것들은 주장하는 내용이 생떼를 쓰는 것처럼 보일 수 있다. 그리고 그걸 받아보는 판사님에게도 역시 좋은 인상을 주기 어려울 것이다.

사실 우리가 당면한 사례형이나 기록형을 작성함에 있어 이러한 점을 신경쓰다보면 문장 구성력 역시 올라간다. 내가 논리를 전개함에 있어서 체계적이 되고, 그것 역시 실력향상에 해당한다. 생각해보면, 이것 역시 리걸 마인드의 한 부분이 아닐까 한다.

5) 빌드업을 하자.

여기선 민사법 위주로 설명했지만, 다른 법들도 마찬가지이다. 이처럼 사례문제를 해결함에 있어 관련 법리를 빠짐없이 쓰는 것도 중요하지만, 그걸 설명하는 것도 순서가 있다는 말을 하고 싶다. 결론에 이르기 위해서는 관련법리를 순서대로 빌드업하는 것이 서술형 시험 기재에 있어 가장 중요한 것이다. 판례도 그렇게 하고 있지 않은가? 대법원이나 헌법재판소도 그런데 우리도 그렇게 해야 하지 않을까?

_ 키워드

변호사시험은 키워드채점이다.111) 가능하면 판례를 원문 그대로 써주면 좋겠지만, 현실적으로 공부양이나 시험시간, 적어야 하는 분량 등을 고려하면 다 써줄 수가 없다. 따라서 배점에 있어 키워드를 썼는지가 중요한 포인트라 할 것이다. 키워드는 보통 사례집이나 기본서 등에 진한 글씨나 밑줄 등으로 표시해준다. 판례집이나 선택형 책들도 표시해주는 경우가 있다.

즉 사례형, 아니 수험법학을 공부함에 있어 이 키워드를 중심으로 공부해야 한다. 이 키워드가 채점의 기준이 되고 출제의 기준이 된다. 키워드가 아닌 부분들은 열심히 공부하고 써봐야 점수가 안 될 가능성이 높다. 키워드 위주로 공부하고 답안지에 현출하는 연습을 하자. 물론 단순히 키워드만 나열해도 채점은 되겠지만 이를

---

111) 교수님들의 공통된 의견이다.

적절히 말이 되는 문장으로 연결해 주는 것도 중요할 것이다.

어떻게 보면 수험법학에 있어서 가장 핵심일 수 있겠다. 결국은 키워드 위주로 공부를 하는 것이고, 키워드 위주로 시험장에서 현출하는 것이며 키워드 위주로 채점을 한다. 키워드는 해당 법리의 핵심이다. 키워드를 제대로 공부하지 않는 상태에서 다른 것을 보는 것은 변호사시험의 합격에 점점 더 멀어지는 것일 수 있겠다.

_ 법리기재원리

1) 원칙과 예외에 해당하는 경우

원칙은 기본적인 법리이다. 보통 조문에 있어서는 본문이, 판례에 있어서는 법리 첫 부분에 설시하는 내용이다. 현실의 대부분의 문제를 해결함에 있어서는 보통 원칙이 그 해결방법이 될 것이다. 웬만하면 항상 써준다. 여기에 배점이 되어있을 가능성이 높다.

반면 예외적인 법리가 있다. 조문의 경우 단서가, 판례에 있어서는 '특별한 사정' 등이 여기에 해당한다. 보통 시험에서는 이 예외 부분이 빈번하게 나온다.

이렇듯 법리에 있어 원칙과 예외를 구성하는 경우는 많다. 사안이 원칙에 해당하든 예외에 해당하든 일단 모두 써준다. 원칙과 예외 모두에 배점이 되어있을 가능성이 높다. 만약 우리가 사례형 문제를 풀 때, 답이 예외에 해당되는 것으로 보여 법리부분에 예외법리만 쓰면 원칙부분에 배점된 점수를 챙기지 못하게 된다. 보통 '~의 특별한 사정이 있으므로'등의 방식으로 기재할 수 있겠다.

 흔히 나는 다 썼다고 생각했는데 점수가 생각보다 안 나오는 사태가 발생하는데, 이런 경우에서 점수가 새는 경우가 종종 있다. 반대로 원칙에 해당하는 경우에도 일단 예외법리까지 기재해준 다음 '~인 예외사유가 보여지지 않으므로' 등의 방식으로 원칙에 해당한다고 기재해주면 된다.

 2) 각 과목별 기재방법
 사례형 기재방법은 쓰는 사람마다의 스타일에 많이 영향을 받는다. 정형화된 틀은 없는 것이다. 법리의 키워드를 논리에 맞게 빌드업하여 기재하면 되는 것이다. 다만 저자가 생각하는 방법에 대해 소개하고 싶다.

 먼저 민사법이다. 지금까지 말한 대부분은 사실 민사에 적용되는 기재방법이다. 민사법은 배점이 작은 문제들이 많고 학설이 개입할 여지가 적으며, 법리-사안 순으로 빠르게 치고 나가는 형태가 대부분이다. 물론 근거조문은 잊지 말아야 할 것이다. 물론 민사소송법은 상대적으로 학설의 비중이 높아지는 부분은 있다. 또한 간혹 의의를 적어줄 필요가 있는 논점도 있다. 상법의 경우 의의나 학설의 대립[112]이 중요할 수 있으므로 염두하자.

---

[112] 모의고사일수록 그러한 경향이 강하다.

형사법의 경우, 형사법 문제는 원래 甲 乙 丙 등의 죄책을 하나 하나 다 찾아서 통으로 대략 50점에서 60점 정도를 쓰는 방식으로, 즉 각각의 논점을 쪼개놓는 방식으로 출제되었다. 그런데 제10회 변호사시험 형사 1문은 기존과 달리 분설하여 제시하는 방식으로 설문을 구성하였다. 즉 다른 법들과 유사하게 출제된 것이다. 이런 경우는 다른 법들처럼 구성을 하면 될 것이다. 2문처럼 원래 나오던 형태대로 甲, 乙, 丙의 죄책을 논하는 식의 50~60점 배점 형식의 문제가 나온다면, 피의자 한 명씩 하나의 문제를 기재하는 것처럼 甲의 죄책을 먼저 검토하고 여기서 쟁점의 정리, 甲의 행위가 각 무슨 죄책에 해당하는지 검토하는 방식으로 전개하는 것이 편하다.113) 다만 공범관계114) 등 한번에 언급할 수 밖에 없는 문제는 먼저 나오는 피의자에서 설명하고 아래에서 나오는 피의자는 '위에서 본 바와 같이 무슨 죄책이 된다'는 식으로 쓰면 될 것이다. 물론 죄책별로 구성하는 방법도 있다. 소목차를 죄책별로 잡고 해당하는 피의자를 집어넣는 것이다. 문제에 따라서는 이러한 구성이 더 편할 수도 있긴 하다. 다만 함부로 혼용하면 내가 쓰다가도 내가 헷갈릴 수 있으니 주의하자.

형사법에서 주의해야 할 것은, 원칙적으로 죄책을 판단하기 위해서는 구성요건-위법성-책임을 모두 검토해야 한다. 대부분은 구성요건정도에서 결론이 나기는 한다. 이런 경우 '위법성조각이나 책임조각 사유는 없다'는 식으로 써주면 어떨까 한다. 적어도 추가점

---

113) 어디까지나 스타일의 문제이다.
114) 공소장에서도 먼저 기재한다.

수는 기대할 수 있지 않을까?

 형법 총론 부분이나 형사소송법은 학설의 비중이 높다.115) 정말 학설 대잔치이다. 현실적으로 다 외우고 써줄 수는 없으나, 자주 나오는 학설의 대립 부분은 확실하게 학설의 내용까지 비교해줄 수 있으면 좋을 것이다. 대표적으로 형법 제33조의 해석문제나 위법성조각사유의 (객관적)전제사실에 대한 착오 문제 정도를 들 수 있을 것이다.

 공법은 민사와 형사와의 기재방식과는 다소 차이점이 있다. 공법은 처음에 '의의'를 써주고 시작하는 경우가 매우 많다.116) 학설도 있다면 써주는 것이 좋다. 헌법의 경우, 결론의 도출에 있어 판례의 영향을 덜 받는 경향이 있는 것 같다.117) 또한 해당 기본권의 의의, 조문, 보호법익, 판단방법 등에 대해 기본적으로 써줘야 하는 부분도 상당하다.118) 이 부분은 그냥 세트라고 생각하고 기재하면 좋다.119) 행정법의 경우 각 행정행위의 의의와 성격을 제시한 후, 이들을 비교하고 그에 따른 처분성을 결정하는 방식의 구성이 빈번하다. 또한 행정법은 조문과 판례가 연결되어 하나의 개념에 해당

---

115) 물론 형법 각론 부분에도 학설이 종종 나오긴 한다.
116) 이건 공법의 특성 때문인 것으로 보인다. 온갖 법이 다 들어있는 법이기도 하고 의의에 대하여 명문화된 규정이 적어 법원이 판례나 결정을 통하여 정의한 것들도 많기 때문이다.
117) 즉 판례와 다른 결론의 학설을 택하더라도 근거만 충분하다면 된다. 물론 판례의 내용을 정확히 알고 있다는 것이 전제되어야 할 것이다.
118) 평등권의 경우 헌법 제11조 제1항, 의의(같은 것은 같게 다른 것은 다르게, 상대적 평등 등), 비교집단 제시, 차이점, 심사방법 등이 이에 해당할 것이다.
119) 다만 배점은 고려해야 한다.

하는지 판단하는 경우가 많으므로, 세트로 외어두는 경우가 있다. 역시 공법의 특징이라 할 것이다.120) 행정기본법이 나온 이후로는 그 개념에 해당하는 조문을 잘 찾아 적어주어야 한다.

한편 가급적이면 결론은 뒤에 쓰는 게 좋다. 결론이 틀려버리면 채점하는 입장에서 안 좋은 인상을 주고 시작하기 때문이다.121) 채점자도 사람이기 때문에 어쩔 수 없는 것 같다. 간혹 문제에서 결론부터 쓰라고 하는 경우가 있는데, 이런 문제는 문제에서 요구한 대로 결론부터 써줘야 할 것이다. 또는 배점이 10점 이하인 경우인 문제들도 종종 나오는데, 이 역시 분량상 결론부터 쓴다고 생각하면 좋을 것이다. 15점 배점인 경우에도 원칙적으로 저자는 논점의 정리를 먼저 쓰는 방식으로 기재하였다. 이것도 어디까지나 쓰는 사람 스타일의 영역이므로 반드시 그렇게 할 필요는 없는데, 저자는 결론을 뒤에 쓰는 것을 추천한다.

전체적으로 잘 쓴 답안지를 보면 간단간단하게 정리하면서 필수적인 내용을 채우고 지나간다. 군더더기가 없고 불필요한 내용이 거의 없다. 결국 답안지도 효율인 것이다.

잘 쓴 답안지를 구해서 보는 것도 하나의 공부방법이 될 수 있다. 잘 쓴 답안지를 참고해 보면서 기재방법이나 빌드업 방법 등을 파악해보자. 자신만의 스타일 안에서 간단간단하게 필요한 것만 딱

---

120) 처분성을 검토하기 위해서는 행정소송법 제2조 제1호와 국민의 법률상 지위에 영향을 미치는 경우여야 한다는 판례가 같이 기재되어야 한다.
121) 채점경험이 있는 교수님의 말씀이다.

딱 기재하고 지나가는 자신의 모습을 상상하면서 말이다.

_ 사례형 공부방법

지금까지 말한 내용을 본다면 대충 어떻게 사례형을 접근해야 한다는 것이 감이 올 것이다. 결국은 법리(조문-학설-판례)의 언급을 위해서는 법리를 먼저 알아야 한다. 그 법리가 어떤 상황에서 나오는지, 어떤 논점과 연결되는 중점적으로 확인하면서 공부를 해야 한다. 그 다음에는 해당 법리(특히 판례)에 대한 키워드를 중점적으로 학습해야 한다. 또한 원칙과 예외로 구성된 법리는 다 알아야 써 줄 수 있을 것이다. 보통 사례형에서 기재해줘야 하는 내용들은 책에서 진하게 표시하거나 밑줄이 그어져 있다. 이것들이 어떻게 나올지 생각하면서 어떤식으로 외우거나 기억할지 염두해 가며 공부하면 된다. 즉 내가 뭘 봐야 할지 인지하면서 그것들 위주로 이해하고 암기하면 된다.

그렇다면 사례집은 왜 보는 것일까? 사례집은 보통 지금까지 나온 모의고사나 변호사시험에 나온 기출문제와 간혹 저자가 추가한 창작문제들로 구성되어 있다. 이 문제들은 저마다 논점들을 가지고 있다. 즉 우리가 중점적으로 익혀야 하는 법리가 문제되는 논점들을 포함하고 있다는 것이다. 물론 이 논점들은 나중에 변호사시험에 다시 등장할 가능성이 있는 것들이다. 그렇다면 단순히 언젠가 다시 나올만한 논점을 보기 위해 사례집을 보는 것일까?

앞서 말한 것처럼, 사례집을 보기 위한 것은 강약조절을 하는 측면도 있다. 그러나 사실 사례집을 보는 것은 사례형에 대한 틀[122]을 잡기 위해 보는 것이라고 생각한다. 사례집은 이미 틀대로 써있는 '해설'이기 때문에 반복하면 틀이 보이기 시작한다. 사례형은 틀만 잡힌다면 그다음에는 해당 법리를 알면 바로바로 문제를 써 내려갈 수 있다. 그 틀이라는 것은, 사례형 있어 기본적인 기재 형태에 해당하는 개념에 가깝다. 이는 어느 정도 형식이 있기 때문에 틀에 해당 법리를 끼워맞추면 그대로 기재방식이 된다. 어찌보면 간단하지만 이게 쉽게 되지는 않는다. 계속 사례집을 보고 문제를 직접 써가며 풀어봐야 그 틀이 잡힐 수 있다. 눈으로 보는 것만으로는 잡히기 어렵다.[123]

틀이 잡힌다면 그다음부터는 찍어내는 것이다. 해당 법리만 안다면 찍어 나올 수 있도록 틀이 잡혀야 한다. 물론 각 법리나 판례마다 조금씩 형태는 다를 수 있다. 그러나 어느 수준이 된다면 판례만 봐도 이 판례가 어떻게 문제화될 수 있고 어떤 내용을 써 주어야겠다는 판단[124]이 선다. 한편 해당 논점이 몇 점 정도인지, 반대로 이 정도 배점에 뭔가 내가 생각하는 분량이 빠졌다면 어떤 논점을 빠트렸다는 역계산도 가능할 정도에 이른다. 이 정도에 이른다면 그때부터는 선택형 문제에 있는 판례와 최신판례만 보면 사례형까지 대비가 된다.

---

[122] 딱히 뭐라고 정의하기는 어려운데, 무엇을 써 줘야 점수가 되고 그것을 어떤 형식으로 기재할 것인지에 대한 것을 틀이라고 생각한다. 개인적으로는 법리만 알면 바로 내용을 구성할 수 있는 단계를 틀이 잡혔다고 본다.
[123] 판례 전문을 보다 보면 의외로 이런 틀이 보일 수도 있다.
[124] 물론 본인도 쓰긴 하지만 그냥 그렇다는 것이지 매우 부족한 실력이다.

간혹 써보지 않고 눈으로만 반복하면 된다는 말들이 있다. 솔직히 한번도 써보지 않고 오로지 눈으로 보기만 해도 되는 사람은 본 적이 없다. 그런 사람이 존재하지 않거나, 있다고 하더라도 그런 사람들은 내 수준을 훨씬 뛰어넘는 사람일 것이다. 사실 눈으로만 사례형을 공부하는 단계는 틀이 잡힌 단계에서 가능하다. 위에서 언급한 것처럼, 틀이 잡힌 상태에서는 어떤 책을 봐도 사례형 공부가 된다. 내가 아는 틀에 지금 공부하는 법리만 끼워 넣으면 되는 것이기 때문이다.

그런데 그 틀을 잡기 위해서는 정말 피나는 노력을 해야 한다.[125] 가장 빠른 것은 계속 써보면서 누군가 첨삭을 해주는 것이다. 계속해서 내가 써보고 이게 왜 점수가 안되는지, 무엇을 안 써줘서 점수를 못 받았는지, 왜 논점을 찾지 못했는지, 찾았는데도 왜 이상한 것을 썼는지 등을 누군가 잡아줘야 한다. 가장 좋은 사람은 학교 교수님들이다. 가장 어려울 것 같은 분들이지만 가장 가까운 분들이기도 하다. 학교 교수님들이 어렵다면 학원이라도 찾아가야 한다.

이게 어렵다면, 내가 스스로라도 채점기준표를 펴놓고 연구해야 한다. 무엇이 점수가 되고 무엇이 안되는지를 직접 깨져가며 공부해야 한다. 실력이 일정 수준이 되면 내가 쓴 것을 채기표와 비교해가며 공부할 수 있다. 그러나 사례를 처음 시작하는 단계는 내가

---

125) 특히 민사법이 어렵다. 형사법과 공법은 상대적으로 엮이는 법리가 적어서 쉽게 잡을 수 있다.

쓴 것과 채기표의 차이점을 인지하지 못한다. 이는 사례집과 비교하는 것도 마찬가지이다. 대충 비슷한 논점을 쓰고 나는 다 썼다고 생각한다. 사실 점수가 되는 중요한 부분들이 뭉텅이로 빠졌는데도 말이다. 또한 채기표는 초심자가 보기에는 굉장히 불친절하다. 그러기에 사례집으로 사례공부를 시작해야 하는 것이기도 하다.

3학년에 올라와서 6모를 처음 봤을 때, 썼을 때의 느낌과 점수의 괴리감을 처음 느끼는 경우도 있다. 나는 다 쓰고 나왔다고 생각하지만 생각보다 점수가 안 나오는 사태가 발생한다. 그래서 지금까지 3학년 올라가기 전까지 사례형의 틀을 잡아야 한다고 열심히 떠든 것이다.

한편 틀을 3학년 올라갈 때까지 잡는 이유는 3학년부터 선택형을 달리기 위함도 있는데, 앞서 말한 것처럼, 틀이 잡힌 상태에서는 선택형을 공부해도 그게 다 사례형 공부까지 된다. 단순히 선택형의 지문을 봤더라도 이 지문이 어떤 논점인지, 이게 사례형으로 나오면 어떻게 나올지, 그리고 이 지문의 키워드는 무엇인지가 보일 것이다.[126]

보통 일반적인 사례집을 잡게 된다면 변호사시험 기출과 대부분의 모의고사는 다 공부하게 된다. 그중에서도 최근 모의고사나 변호사시험 기출들은 직접 써보는 것도 좋다. 때에 따라서는 사법시

---

[126] 저자는 이게 너무 늦게 됐다. 틀이라는 개념을 인지한 것이 3학년 중반쯤이다 보니, 정작 내가 잘 실천하지 못하게 되었다.

험 기출도 봐줄 필요는 있다. 사법시험에 나왔고 중요한 논점인데 변호사시험에 아직 안 나온 논점이 있다면 출제될 가능성이 높은 논점이기 때문이다.

 가장 중요한 말을 지금까지 하지 않은 것 같다. 사례형을 써보기 시작하는 것은 사례집을 가지고 먼저 한번 공부한 다음 해당 문제를 풀어보는 것이다. 처음 시작할 때에는 아무리 사례집으로 공부한 다음 써도 써지질 않는다. 필요하면 필사도 할 수 있겠다. 이러한 방법을 반복하고 어느정도 법학에 대한 이해가 쌓이다 보면 필사를 하지 않아도 어느정도 해당 내용을 틀에 맞추어 쓸 수 있게 된다. 그 다음에는 해당 내용을 나만의 사례구성방법에 맞추어 쓸 수 있게 된다. 마지막으로는 문제만 보고도 답안지를 구성할 수준에 이르게 된다. 이게 사례형을 공부하는 과정이 아닐까 한다.

_사례형 시간배분방법

 사례형을 쓸 때 가장 중요한 것은 시간배분이다. 아는게 많아도, 실력이 좋아도 시간 내에 쓰지 못한다면 무용지물이기 때문이다. 그래서 저자가 활용했던 시간배분방법을 소개해 본다.

 일반적으로 사례형은 민사법 1문[127]을 제외하고는 100점이 만점이다. 그리고 이 100점은 시험시간 한시간과 같다. 즉 한시간동안 100점 문제를 다 풀어야 한다는 것이다. 한시간은 60분인데,

---

127) 요건 150점 만점이다.

여기서 10분을 문제를 읽고 어떻게 쓸지 고민하는 시간으로 배분한다. 나머지 50분은 쓰는데 투자하면 된다. 간단하게 말하면, 10점짜리 문제를 쓰는데 5분이 걸려야 하는 것이고, 20점짜리 문제를 쓰는데 10분이 걸려야 한다는 것이다.

그런데 어떻게 10분 동안 모든 문제의 결론과 어떻게 쓸지 고민하냐고 반문할 수 있다. 당연히 어렵다. 그냥 전체적인 시간 배분을 할 때 기준점을 이렇게 하면 좋다는 것이다. 그런데 문제를 읽고 결론을 내는 시간을 무한정 늘릴 수는 없다. 경험상 최대 20분까지는 사용할 수 있다고 본다. 그래도 보통 15분 내로는 끊어야 한다. 이렇게 되기 위해서는 공부가 많이 되어 있어서 문제를 보자마자 논점과 법리, 결론이 보여야 한다. 또한 틀이 잡혀 있어서 법리와 결론을 어떻게 구성할지 한 번에 판단이 서야 한다. 즉 실력이 쌓여야 시간 내에 문제를 다 풀 수 있는 것이다. 사례형을 시작할 때는 50분 정도를 쓰는 시간에 투자하는 연습을 하고 점차 이 시간을 줄여나가는 방식으로 연습하면 좋을 것이다.

한편 우리가 쓰는 변호사시험 답안지는 4면 133줄로 구성되어 있다. 사례형의 경우 거의 이 133줄을 다 채우게 된다. 그런데 문제간 간격[128]도 있고, 소목차간 간격[129]도 있다. 따라서 이런 것을 고려하게 되면, 우리가 실제로 기재하는 양은 100줄 정도가 된다. 대충 뭔가 맞아 떨어지지 않는가? 20점 문제라면 20줄을 써야

---

128) 저자는 문제별로 두칸을 띄웠다.
129) 저자는 한칸은 띄웠다.

하고, 30점 문제면 30줄을 써야 한다.130) 여기에 내가 주어진 시간 동안 몇줄을 기재할 수 있는지 따져 봐야 한다. 사례형 문제를 여러번 직접 써 보면서 내가 10분 동안 몇 줄을 쓸 수 있는지를 파악해야 한다. 그래서 많이 써보라는 것이다. 반대로 10줄을 쓰는데 얼마나 걸리는지도 알아두어야 시간조절에 도움이 된다.

저자의 경우, 4면 133줄을 다 채우는 데 대략 40분에서 45분 정도가 걸렸다. 그렇게 문제를 푸는 시간을 최대한 확보하였다. 쓰는 것도 계속 써봐야 실력이 는다. 남들이 알아볼 수 있게 쓰면서 내가 낼 수 있는 최대의 속도로 써야 한다.

한편 100점 중에 내가 답과 논점을 알고 푸는 문제는 70점도 되지 않는다. 그러기 때문에 한눈에 봐서 답이 보이지 않는 것은 해당 배점만큼 남겨두고 일단 지나가야 한다. 안 보이는 답을 계속 쳐다보고 있어야 답이 안 나온다. 그래서 이걸 그냥 뛰어넘고 지나가는 것이 정말 중요하다. 분명히 시험 볼 때마다 그런 경우가 나오기 때문에 항상 일단 지나칠 것을 염두하고 있어야 한다. 안 그러면 나도 모르고 있는 사이에 계속 쳐다보고 있게 된다. 그럼 뭐 말 다했지. 망한 것이다.

희안하게 뒤에 문제를 풀다가 다시 돌아오면 답이 보이는 경우가 있다. 아니면 뭐라도 지어내서 쓸 게 생각나기도 한다. 밑에 문제를 풀다 보면 거기서 힌트를 얻어 답이 보이는 경우도 있다.

---

130) 물론 위 띄우는 칸을 고려하면 실제적으로는 좀 더 많아질 것이다.

사례형의 기재 분량은 보통 꽉 채우는 것이 보통이다. 100점을 다 쓰면 다 차게 된다. 적어도 133줄 중에 120줄 이상은 쓰게 된다. 이보다 적다면 뭔가 빼먹고 쓴 것이 있다던지 구멍이 있는 것이다. 반면 시험지가 부족하다면 그건 쓸모없는 것을 적었을 가능성이 있다. 답이 잘 안보이면 이것저것 다 가져다 쓰기 때문에 점수도 되지 않는 이상한 것을 막 나열하게 된다. 그러다 보니 분량을 초과해서 쓰게 되는 것이다. 다 썼다고 생각했는데 분량이 부족하다면 다시 한번 잘 생각해보자. 내가 논점을 빼먹고 쓴 게 있을 수 있다.

이것도 스타일의 영역이긴 한데, 먼저 문제를 다 읽고 쓰기 시작하는 사람도 있고, 앞 문제부터 하나하나 읽고 쓰고 읽고 쓰는 사람도 있는가 반면 중간중간 푸는 사람도 있다. 어떤 방법이 시간조절에 도움이 되는지 알아봐야 한다.

_ 글씨체[131)

변호사시험에서 글씨체도 정말 중요하다. 사람이 채점하는 것인 만큼, 내가 쓴 것을 다른사람이 알아봐야 한다. 물론 교수님들이 온갖 노력을 다하시면서 내가 뭐라고 썼는지 봐주실 것이다. 그러나 교수님들도 사람인지라 잘 쓴 글씨에 호감이 더 가고, 조금이라도 점수를 더 줄지도 모른다.

---

131) 사실 이건 직접 수기로 작성하는 수험생에게만 해당되는 이야기이다.

그런데 변호사시험은 타임어택이므로, 최대한 빨리 써야 한다. 그러면서도 채점자가 알아볼 수 있게 써야 한다. 그 두 개의 타협점을 빨리 찾아야 한다. 그렇게 하기 위해서는 연습을 많이 해야 한다.

글씨를 빨리 쓰게 되면 글씨가 가운데로 뭉치게 된다. 획이 둥글어지고 겹치며 무슨 글씨인지 못 알아보게 된다. 그래서 저자의 경우 빨리 쓰면서도 최대한 획을 길고 직선으로 쓰려고 노력했다. 안 그래도 평상시 글씨를 못 쓰는 편이라서 글씨체로 스트레스를 많이 받았고 정말 많이 노력했었다.

'해강고시체'라는 글씨체가 있다. 연습책도 따로 있다. 고시를 준비할 때 쓰면 좋은 글씨체라고 한다. 저자도 책을 본 적은 있는데, 따로 연습한 적은 없긴 하다. 그래도 이렇게 전용 글씨체까지 따로 있는 만큼 변호사시험에 있어 글씨체는 중요한 것이다.

_ CBT(Computer Based Testing)

최근 법무부는 13회 변호사시험인 2023년부터 사례형 및 기록형 시험에 CBT방식을 도입하기로 결정하였다. 2022년 12월 법무부 법조인력과에서 발표한 내용에 의하면 2023년부터 CBT를 도입하되 향후 3~5년간은 수기방식과 병행한다고 한다.

구체적인 방법으로는 법무부에서 동일 노트북을 임차하여 수험생에게 제공하며, 수기 방식과 같은 시간, 같은 분량으로 진행할 예정이라고 한다. 그 후 저장한 파일을 관리자PC로 전송하는 것으로 마무리한다고 한다.

CBT방식으로 시험이 진행되면 아무래도 글씨체의 영향은 받지 않게 되겠다. 또한 컴퓨터로 작성하게 된다면 아무래도 수기로 작성하는 것보다는 분량에서 조금 달라질 수밖에 없을 것이다. 시험을 컴퓨터로 할 생각이라면 시간배분방법 역시 컴퓨터로 연습해봐야 하겠다.

다만 반드시 CBT가 좋은 방식인지는 모르겠다. 아무래도 수기보다 더 많은 글씨가 들어갈 수 있기도 하고 해킹이나 부정행위가 아예 발생하지 않는다고 장담하기는 어렵지 않을까 한다. 다만 언제까지나 손으로 직접 쓰는 방식으로 시험을 운영하기는 시대정신에 맞지 않는 부분이기도 하다. 현실적으로도 모든 법문서가 컴퓨터로 작성되는 만큼 시험도 컴퓨터로 보는 것이 그래도 좀 더 긍정적인 방향이지 않을까 한다.

사례형 배점

사례형에 있어서 가장 함정일 수 있는 것이 배점이다. 같은 논점인데도 문제에서 물어보는 것에 따라서 적어주어야 하는 분량이 다르다. 같은 논점에 대해 어떤 문제는 10점짜리 분량으로 출제한 경우도 있는 반면 다른 어떤 문제는 15점짜리 분량으로 출제하기도 한다.

이게 단일논점문제면 괜찮은데 복합논점이면 머리가 아파진다. 여러 논점이 복합적으로 출제된 문제의 경우에는 '이 문제에서 중점적으로 물어보는 논점이 무엇인가'에 따라 분량이 또 달라진다. 단독논점일 경우에는 10점분량으로 기재할 내용이 복합논점문제에서 곁다리로 나온 경우에는 5점분량도 안되게 써야하는 경우도 있다.

따라서 공부할 때 배점도 고려하면서 공부를 해야 한다. 기본적으로 이 논점이 몇점짜리 논점이라는 생각을 하면서도 이게 내가 생각한 배점보다 작은 분량으로 출제될 경우 어떻게 적어줘야겠다라는 생각까지 같이 하면서 공부해야 한다.

이 배점을 실패하게 되면 심각한 문제가 초래된다. 20점 문제를 30점처럼 쓰고 뒤에서 시간과 공간 모두가 부족해지는 문제가 발생한다. 그래서 사례형을 본격적으로 공부하게 된다면 이 부분도 역시 고민하면서 공부하자.

_ 사례형 마무리

저자는 사례형 공부를 어떻게 하고 어떻게 써야 하는지 3년 내내 고민하였고, 3학년 중반에서야 약간의 실마리가 보이는 듯한 느낌이었다. 조문은 나오면 꼭 써주고, 원칙과 예외의 기재방식 역시 반드시 적자. 마지막으로 채기표를 평상시 잘 분석하였으면 좋겠다. 결국 내 실력이 점수화가 되기 위해서는 시간 내에 아는 것을 배점에 맞게 적는 것이 중요하기 때문이다. 물론 처음부터는 보기 어렵고, 틀을 잡기 위해서 봐야 하지만 틀이 잡여야 제대로 보이기 시작하는게 채기표이다.

사례형은 수험법학의 근간이다. 그러기에 가장 먼저 익혀야 하는 유형인 것이다. 사례형을 어느정도 공부하면 해당 과목에서 무엇이 중요하고 무엇이 덜 중요한지 파악이 되고, 공부를 할 때 강약조절이 가능해진다. 그러니 사례형을 시작하는 것에 두려움을 갖지 말자. 간혹 공부가 되어 있지 않기에 사례형을 공부하는 것에 두려움을 갖는 사람이 있다. 그런데 사례형을 늦게 시작할수록 법학의 근간도 갖추지 않은 상태로 법학을 공부하는 것이다. 사례형을 공부하면서 기본적인 법리를 익히고 리걸마인드를 키우자.

(3) 기록형

_ 기록형의 특징

기록형은 기본적으로 변호사가 재판에 있어 작성하는 소장이나 변론요지서, 또는 검토보고서의 형태를 가지고 있다. 그러나 그 형식이 어떻든, 사실상 그 본질은 판결문이다. 실무에서 민사 소장을 쓰면서도 아직 상대방이 답변서를 제출하지도 않았는데도 미리 주장할 것을 반영하여 축소 주장하는 변호사는 없을 것이다. 마찬가지로, 형사 변론요지서를 작성하는데 증거조사단계와 타이밍적으로 맞지도 않을뿐더러 축소사실의 유죄를 인정하는 것도 다소 어색하다. 공법 분야에서도 재판에서 깨질걸 미리 반영한다는 등의 이상한 부분들이 많다. 그런데 이걸 판사가 작성하는 것이라고 생각하면 모든 실마리가 풀린다.

그렇다. 기록형은 소장 등의 탈을 쓴 판결문인 것이다. 그렇다면 왜 기록형이 변호사시험에 있는지 이해가 된다. 사법연수원의 흔적이라고 저자는 생각한다. 그러기에 재판실무를 준비하면 기록형까지 도움이 된다고 본다. 일종의 심화버전이라고 생각하면 되기 때문이다.

그러나 어디까지나 기록형의 전체적인 형태는 변호사가 작성하는 것이다. 그렇기에 일정한 형식, 이른바 기록형 고유의 '틀'을 요구하게 된다. 상대적으로 기록형은 어느 정도 실력이 쌓인 상태에서 시작하기 때문에 이 틀을 잡기가 쉽다.132)

_ 기록은 언제 시작해야 하나요?

기록형을 1학년 때부터 시작하는 사람은 거의 없을 것이다. 보통은 법학의 기본이 갖추어진 시점에서 시작한다. 일반적으로 민사법은 2학년 여름방학 때부터, 형사법은 2학년 2학기에 시작하며 공법의 경우 빠르면 2학년 2학기, 늦어도 3학년 1학기에는 시작하여야 하지 않을까 한다.133)

기록형은 법학의 기본을 갖춘 후에 시작하는 것이 좋다. 기본이

---

132) 다만 해당 내용을 어떤 식으로 기재해야 점수가 되는지는 좀 어렵다.
133) 사실 공법은 너무 빨리 시작하지 않아도 될 듯하다. 다만 제10회 변시를 고려하면 빨리 시작해서 모의고사까지 다루어야 하는 것이 아닌지 생각은 든다.

갖추어지지 않은 상태에서 쓰게 된다면 왜 이걸 써야 하는지도, 무엇을 써야 하는지도 모르게 된다. 기록형은 써보면 알지만 필사도 쉽지 않다. 일찍 시작하는 것이 능사는 아니라고 본다.

보통 형사의 경우 2학년 2학기에 형사재판실무와 같이 한 학기 동안 완성시키는 것이 이상적이며, 민사의 경우 요건사실론부터 시작하여 2학년 2학기를 거쳐 3학년 1학기 민사재판실무까지 짧으면 1년, 길면 1년 반 동안 긴 호흡을 갖고 완성시키는 것이 어떨까 한다. 민사는 상대적으로 틀이 잘 안 잡힌다. 기재례에서 신경쓸 부분이 좀 많아서 그런 것 같다. 따라서 민재실까지 포함해서 천천히 해 나가자. 공법기록의 경우 3학년 여름방학때 시작하는 경우도 있는데, 그보다는 먼저 시작해서 어찌 됐든 여름방학까지는 완성을 시켜야 한다.

보통 한주에 하나 정도 쓰면 좋은 것 같다. 기록형은 민사법의 경우 3시간, 형사법과 공법은 2시간이 걸리는데, 시간을 재면서 풀게 된다면 그냥 공부 2~3시간 한 것보다 훨씬 체력이 소모가 된다. 따라서 자주 풀기는 어렵고(현실적으로 지겹기도 하다), 1주일에 한번 주말같은 시간에 정해서 써보는 것이 좋을 듯하다.

_ 기록형의 '틀'

기록형도 틀이 있다. 그런데 사례형과는 좀 느낌이 다르다. 전체적으로 사례형보다는 좀 더 엄격한 느낌이 있다. 그러면서도 정말 고정된 형태만 갖고 있다. 문제마다 조금씩 달라질 수 있는게 아니고, 대부분 일정한 형식을 가지고 있다.134) 그래서 틀을 잡기 '상대적으로' 쉽다.

그런데 민사법 기록형의 경우는 사정이 좀 다르다. 형식보다도, 해당 포인트를 쓰기 위해서는 다 써줘야 하는 것이 많다. 사례형과 연결되는 부분이기도 한데, 임대차목적물반환청구 관련 요건사실인 '임대차계약체결사실'을 써 줄 때도, 누가 언제 어떤 목적물에 대하여 계약금 얼마, 중도금 얼마, 잔금 얼마의 계약을 체결하여 계약금은 언제 받았고, 중도금은 언제 받았고, 잔금은 언제 받았는지 일일이 다 기재해 주어야 점수가 된다.

이러한 것들은 짧은 기간 내에 쉽게 되는 것이 아니고, 꽤 오랜 기간동안 기록을 계속 풀어보고, 써보고, 기록형 해설집이나 채기표를 보고 비교해가며 체득해야 한다. 아니면 이런 것들을 알려주는 학교 수업이나 강사의 수업 등을 통해 해결해야 한다. 재판실무에서도 이런 것들을 해결해 줄 수 있다. 청구취지 등 따로 외워줘야 하는 것들도 많다.

기록형 공부에 있어, 직접 써보지 않고 책이나 해설만 반복해도 된다는 말이 있다. 물론 한 번도 써보지 않는 것은 말이 안된다고 생각하나, 상대적으로 사례형보다는 덜 써볼 수는 있지 않을까 한다.135) 이미 기록형을 시작하는 시기가 웬만큼의 법학 실력이 쌓인

---

134) 기재례도 이중 하나에 포함된다.

상태라 그럴 수 있는 것 같다. 결론적으로 이 말은 어느 정도 법학 실력과 틀이 있는 시점에서는 맞을 수 있으나, 그 실력과 틀을 잡기 위해서는 충분히 써봐야 할 것이다.

기록형에서 중요한 것은 기재례를 따로 외워줘야 한다는 것이다. 내가 아는 법리를 기재례처럼 써 주어야 한다. 정말 잘 안 외워진다. 시간을 별도로 내서 기재례를 익히자. 안되면 통으로라도 외워야 한다.

한편 기본적인 문장을 구사할 때도, 민사의 경우 '주시상목행'136) 순으로 쓴다면 좋을 것이고, 형사의 경우 '주공일장동피수행'137) 순으로 쓴다면 채점자 입장에서 더 좋은 인상을 받을 수 있을 것이다.

_ 각 기록형의 특징

민사법의 경우 위에서 살짝 언급했는데, 요건사실138)이 가장 중요하다. 결국 판사님은 요건사실을 갖추었냐를 가지고 판단한다. 주장이건 항변이건 재항변이건 요건사실을 갖추어야 그걸 인정받을 수 있는 것이다. 요건사실을 틀에 맞게 기재하는 것, 이게 민사법 기록형이다.

---

135) 반대로 말하면 그만큼 사례형은 유형이 다양하기 때문에 많이 써 봐야 한다는 것이다. 특히 민사법(민법, 민사소송법)이 그렇다.
136) 청구취지는 당연히 이 순으로 써야 한다. 주체-시기-상대방-목적물-행위를 말한다.
137) 주체-공범-일시-장소-동기-피해자-수단-행동을 의미한다.
138) 요건사실에 대해서는 나중에 따로 설명한다.

민사법 기록형은 전체적으로 소장의 형태를 띠고 있다. 그런데 민사재판실무를 해보면 알겠지만 민사재판실무 검토보고서와도 매우 형태가 유사하다. 막말로 검토보고서를 소장형식으로 쓴 것이라고 생각하면 편하다. 그만큼 법리도 다양하게 얽혀있을 수 있고 정말 어렵다. 쉽게 되지도 않는다. 민사법 전반에 대한 이해가 있어야 쓰기시작할 수 있겠다.

상법논점도 나온다. 어음수표처럼 대놓고 나오는 경우도 있겠지만 상사소멸시효나 상사유치권, 하자통지의무 등 모르고 보면 절대로 찾을 수 없는 것들도 나온다. 저자는 이걸 지뢰라고 부르고 싶다.

민사법 기록형에서 가장 중요한 것은 청구취지를 정확하게 기재하는 것이고, 그 다음은 앞서 말한 바와 같이 청구원인 단계에서 요건사실을 정확하게 기재하는 것이다. 요건사실을 단순히 나열하는 것이 아닌, 일정한 형식으로 기재해주어야 한다.

형사법 기록형은 재밌다. 기록형 자체는 귀찮지만 형사기록을 읽는 것은 재밌다. 그만큼 접근하기 쉬운 기록형이기도 하다. 보통 변론요지서나 검토보고서를 쓰는데 사실상 쓰는 방법은 똑같다. 거의 정형화된 기재방법을 가지고 쓰는 것이기에 상대적으로 점수를 올리기도 가장 쉽다고 본다. 무엇보다도 형사법 기록형의 핵심은 특별형법이다. 거의 무조건 나오고 중요한 문제로 나온다. 기록이 아무리 재밌어도 꼭 답안까지 써보자.

공법 기록형도 어느정도 틀이 정해져 있다. 가장 사례형과 가까운 시험인 것 같다. 사례형을 존댓말로 쓰면 기록형이 되는 유형인 것처럼 느낄수도 있다. 특이한 것으로는 소장 전부를 쓰는 것이 아니라 부분부분 필요한 부분만 쓰는 방식으로 나온다. 또하나의 특징이자 실력을 가르는 것으로서 주어진 법령이 많다는 것이다. 이 법령에서 내가 필요한 부분을 잘 찾는 것이 실력이다. 반대로 이걸 못 찾으면 삼천포로 빠지는 답을 쓰고있는 자신을 발견하게 될 것이다.

공법 기록형을 쓸 때 중요한 것은 사례형과도 마찬가지겠지만 검토순서가 매우 중요하다. 헌법의 경우 더 엄격하게 판단하는 방법을 먼저 검토한 후 상대적으로 판단하는 방법을 검토하는 것은 논리적으로 말이 되지 않는 답안이 된다. 마찬가지로 행정법의 경우에도 무효사유를 검토하고 다음에 취소사유를 검토하는 것도 논리적으로 맞지 않다. 이건 어디까지나 예시일 뿐이지만 이런 경우가 공법 기록형에서는 많이 나온다. 즉 기록형 중에서 빌드업이 가장 중요한 영역이라 하겠다.

기록형도 사례형과 마찬가지로 결론을 맞추는 것도 중요하지만 그 결론을 어떻게 쓰느냐가 중요하다. 결론을 기록형의 정해진 형식과 틀에 맞추어 써주어야 한다. 판결문이나 검토보고서가 일정한 수준의 형식을 갖춘 것처럼 기록형도 마찬가지라고 생각하면 편하다.

_ 기록형 시간배분방법

　기록형도 시간배분이 중요하다. 배점은 사례형보다 적은데 쓰는 양은 거의 같다. 또한 사례형보다 훨씬 긴 지문을 읽고 풀어야 하는 만큼 사례형과는 시간배분 방법이 다를 수밖에 없다.

　기본적으로 기록형은 메모를 해야 한다. 보통 메모 시간은 공법과 형사법의 경우 45~50분 정도에서 최대 한시간까지, 민사법은 한시간 정도 된다. 여기에 민사법의 경우, 청구취지 작성시간을 30분 정도로 하면 된다. 메모시간에는 논점과 결론까지 내는 시간이 포함되므로 이 역시 실력이 되어야 메모시간을 줄여나갈 수 있다. 즉 공법과 형사법은 2장을 쓰는데 대략 70분 정도를, 민사법은 청구취지 30분 포함 두시간 동안 3장을 쓰는 것이다.

　기록형의 분량은 보통 공법과 형사법의 경우 1장하고 3/4장정도를 기준으로 하고, 민사법의 경우 2장하고 1/2이상, 최대 3/4까지를 기준으로 하였다. 기록형의 기재는 아무래도 들여쓰기를 사례형보다 좀 더 많이 하다 보니 쪽수를 채우기가 좀 더 쉬웠다.

　민사법의 경우 청구취지가 있다 보니 좀 더 시간을 세분하였는데, 기재분량도 마찬가지다. 보통 첫장의 앞 페이지에 원고와 피고의 인적사항과 청구취지를 다 쓰고, 뒷 페이지부터 청구원인을 쓰기 시작하면 얼추 맞아떨어진다.

　기록형도 시간에 쫓겨 쓰는 것인 만큼, 여러번 써보면서 내가 주어진 시간 동안 얼마나 쓰는지, 시간배분이 얼마나 되는지 연습해야 한다. 그래서 충분히 써보라는 것이다.

_ 기록형 메모가 중요하나요?

결론부터 말하면, 민사법이나 공법은 크게 중요하지는 않은 것 같다. 사람마다 방법도 다 다르다. 어떤 사람은 따로 안 하고 문제 기록에 간단히 표시만 하고 지나가는 경우도 있다. 반면에 형사법은 중요하다고 본다. 기록 분량도 많고, 정리할 것도 많다. 그래서 좀 신경써서 해야 한다. 학원 강의나 학교 교수님, 아니면 아는 사람이 하는 방식을 참고해서 자신만의 메모방법을 만들면 된다.

메모를 할 때에는 문제의 논점과 결론, 그리고 내가 써줄 내용이 무엇인지 간단하게 표시해가야 한다. 굳이 기록에 있는 것을 메모하면서 옮겨 적을 필요는 없다. 어디에 무엇이 있는지 기재하는 방식도 괜찮다.

메모의 목적을 잊지 말아야 한다. 메모는 결국 주어진 기록 중 답안을 쓰기 위해 필요한 부분을 나중에 다시 찾기 쉽게 모아두는 것이다. 즉 '필요한 부분'을 기록에서 찾는 것이 가장 중요하고, 이 필요한 부분을 내가 잘 알아볼 수 있게 효율적으로 정리하는 것이 메모이다. 너무 메모를 하는 것 자체에 매몰되지 말고 '필요한 부분'을 찾는 것에 신경을 쓰자.

_ 기록형 마무리

선택형이 가장 지루한 영역이라면 기록형은 공부하기 가장 귀찮은 영역이다. 사례형보다 시험시간도 더 길면서 쓰는 양도 적지 않다. 기록읽는 것도 정말 귀찮고, 답안지를 쓰는 것은 더 귀찮다. 그래도 써봐야 한다. 처음부터 안 쓰면 정말 답도 없다.

기록형은 처음 공부할 때 참 난감한 유형이다. 드디어 변호사처럼 뭔가를 해본다는 생각도 들지만, 도저히 어떻게 시작해야 할지 감도 안 온다. 특유의 기재방식에 익숙해질 때까지는 감을 잡기 어렵지만, 어느 순간 감을 잡게 되면 쉽게 써내려갈 수 있는 그런 과목이었던 것 같다. 자신감을 갖고 시작하자.

(4) 선택형

_ 변호사시험 합격을 위한 바로미터

앞서 말한 것처럼, 선택형은 맞는 대로 점수가 된다. 따라서 상대점수로 들어가는 사례형이나 기록형에 비해 합격에 더 직접적인 영향을 준다. 학원가에서 '금컷139)'이라는 기준점수도 있지 않은가? 그만큼 변호사시험 합격에 있어 선택형은 절대적인 영향을 미친다. 그런데도 저자는 선택형을 3학년 때 준비하라고 한다. 왜 그럴까?

---

139) 베리타스법학원 금동흠 원장이 주요 시험이 끝난 후에 발표하는 커트라인인데 나름 정확도가 높은 편이다.

_ 선택형의 특징

선택형은 기본이 갖춘 상태에서 준비해야 한다. 선택형은 유형의 특성상 '결론' 위주로 문제로 나올 수밖에 없다.[140] 따라서 이것만 보면 왜 그런지 알기 어렵고, 이를 공부하는 것은 단순 암기밖에 안된다. 그런데 해보면 알겠지만, 선택형은 굉장히 휘발성이 강하다. 따라서 공부가 제대로 안된 상태에서 암기한다 하더라도 금방 까먹기 때문에, 변호사시험을 보는 그 순간까지 계속 반복하지 않는다면 실력을 유지하기 어렵다. 정말 잠시라도 안 보면 기가 막히게 까먹는다.

즉, 기본이 되지 않은 상태에서 선택형을 공부하는 것은 효율이 굉장히 떨어지고, 공부를 통해서 얻은 실력을 유지하는 것도 어렵다. 해당 내용을 봤을 때 그게 어떤 내용인지, 그리고 어떤 내용이 있는지 딱 떠오르지 않으면 선택형을 시작하면 안 된다. 봐야 속도도 안 나고 머리에 남지도 않는다. 안 그래도 고통스러운 선택형 공부가 더 고통스럽기만 할 것이다. 그렇기에 어느 정도 실력이 쌓인 3학년때부터 시작해서 변호사시험을 볼 때까지 선택형만 반복하는 것은 어쩔 수 없는 것이다.

저자는 선택형 책만 3년동안 바꿔가며 보았다. 1학년 때는 학교시험 때문에 『유니온』을, 2학년 때는 진급시험 때문에 『레인보우』를, 3학년 때는 선택형을 준비하기 위하여 『헤르메스』를 봤다. 그

---

140) 물론 이유를 알아야 푸는 문제도 있다.

런데 3학년 때 본격적으로 공부를 할 때, 1, 2학년때 봤던 것이 기억이 정말 1도 나지 않았다. 1, 2학년 때 선택형을 준비한 시간은 허공에 날린 것이었다. 심지어 3학년 때에도 잠깐만 해당 과목을 안하면 금방금방 까먹었다. 6월 모의고사까지 민사법을 열심히 봤는데, 8모때 형사를 준비한다고 민사법을 소홀히 했더니 기가 막히게 개수가 떨어지더라.

_ **반복만이 생명이다.**

이렇듯 휘발성이 강한 선택형을 변호사시험을 볼 때까지 수준을 유지하기 위해서는, 정말 그때까지 계속 선택형을 반복할 수밖에 없다. 간혹 선택형을 저학년 때부터 시작하여 선택형만 반복해도 된다고 생각하는 분들도 있다. 실제로 그렇게 해서 변호사시험에 합격한 경우도 본 적이 있다. 그러나 이에 대하여 저자도 생각해 보았는데, 그렇게 해서 가능했던 이유는 ① 이미 어느 수준의 법학 실력을 저학년때부터 갖춘 상태에서 하였거나141), ② 다른 사람보다 공부량이 압도적으로 많았던 경우 등이 아니었을까 한다. 이 경우에도 선택형을 끝까지 반복해야 한다는 점은 부정할 수 없을 것이다.

3학년에 선택형을 시작하는 만큼 3학년 내내 선택형을 반복해야 한다. 그런데 생각보다 선택형의 양이 정말 많다. 양도 많은데 진

---

141) 사법시험을 준비한 적이 있거나, 법대처럼 학부 때부터 변호사시험을 위한 준비를 어느 정도 한 경우가 있을 수 있다.

도도 잘 안 빠진다. 3학년때 시작한다면 1년 내내 푼다고 해도 변호사시험 10회분과 모의고사 전회차를 풀 수 없다. 따라서 어느 정도 타협을 하여 변시 기출 10회분과 모의고사 3개년 같이 양을 줄이거나, 또는 OX집이나 정지문을 빠르게 선택해야 할 수도 있다.142) 그런데 그렇게 한다고 하더라도 다 볼 수 있을지는 모르겠다. 그만큼 양이 많다. 따라서 일정량 내가 공부할 범위를 특정해서 그것만 반복해야 한다. 1회독은 정말 몇 달이 걸릴 것이다. 6모 보기 전까지 7법을 한번 돌리기도 버겁다.143) 그런데 반복을 하다 보면 회독수가 빨라지기 때문에 변호사시험까지 어느정도 회독수를 확보할 수 있다. 회독수를 돌릴 때마다 아는 것은 지워가면서 보면 좋다.

물론 2학년 때부터 선택형을 시작할 수 있다. 정말 7법을 기출문제집으로만 돌리기 위해서는 이 방법도 좋을 수 있다고 본다. 이 경우 2년 동안 변호사시험을 볼 때까지 선택형을 반복해야 하는 것이다. 이 방법은 정말 많은 학습량을 요구한다. 2학년 때에 선택형도 꾸준히 돌리면서 사례형과 기록형까지 챙겨야 하기 때문이다. 새로 추가되는 문제들은 회차별 문제 등으로 그 부분만 해결할 수 있다. 제대로만 공부하면 고득점으로 갈 수 있겠으나 현실적으로 개인적으로는 그렇게 추천하지는 않는다. 안 그래도 할 게 많기 때문이다.

---

142) 솔직히 현실적으로 7법을 전부 기출문제집으로 가져가기 어렵다. 따라서 OX집이나 정지문으로 시작하는 것도 생각해보아야 한다.
143) 말이 선택형만 돌리는 거지 사이사이에 사례와 기록을 안 할 수가 없기에 시간이 정말 부족하다.

_ 변호사시험을 수월하게 합격하는 방법144)

학교를 다니는 동안 선배들한테 이런 말을 들어본 적이 있을 것이다. "선택형은 금방 오른다." 맞는 말이라고 생각한다. 그러나 이 말에는 함정이 있다. "기본이 되어 있어야" 금방 오른다는 것이다. 몇 번을 반복했는지 모르겠지만, 그래서 사례형을 먼저 준비하고 선택형을 3학년 때 준비하는 것이다. 그런데 여기에는 하나 숨은 이야기가 더 있다.

변호사시험 선택형 문제는 총 150개이다. 이 150개 선택형 문제 중 대략 25여개 정도는 기본서를 보지 않으면 풀기 어려운 문제이다.145) 즉 사례형으로 나오기 힘든 부분이면서 선택형에 거의 출제된 적이 없는 문제이다. 책 구석에 있으면서 선택형만을 위한 내용인 것이다. 그런데 현실적으로 기본서를 꼼꼼히 전부 보기 어려우므로 사실상 이 부분은 기본실력으로 풀 수밖에 없다. 나머지 125개 중 100개는 사례·기록형과 범위가 겹치는 기본적인 법리 부분이다. 따라서 사례형 공부가 제대로 되어 있으면 이 100개 부분은 쉽게 해결된다. 즉 이 100개 부분이 사례형이 되어 있는 상태에서 선택형을 공부하기 시작하면 금방 오르는 영역인 것이다.

나머지 25개는 변호사시험에서 기출된 적이 있다거나 모의고사에서 선택형 등으로 출제된 적이 있는 문제들이다. 이 부분은 선택

---

144) 여기서 나오는 개수는 계산하기 편하기 위해 다소 자의적으로 계산한 개수이다. 실제로 일일이 다 세면서 계산한 것은 아니다.
145) 기존에 출제된 적이 없고 최신판례도 아닌 부분들이다.

형을 반복적으로 돌리다 보면 올라간다. 그런데 상대적으로 구석진 내용일 가능성이 높으므로, 쉽게 오르지는 않는다.

따라서 사례형과 겹치는 100개에서 90개 정도, 선택형에서 등장한 적이 있는 25개 중 15개 정도를 맞추고 나머지 25개에서 찍어서라도 최소 5개를 맞추면 110개 정도를 확보할 수 있을 것이다. 110개는 지금까지 시행되었던 모든 변호사시험에서 수월하게 합격을 할 수 있는 선택형 개수이다. 즉 우리는 이렇게 110개+a 정도를 목표로 하면 된다.

여기서 함정이 하나 있는데, 사례형과 기록형을 평타를 쳐야 한다는 것이다. 그런데 선택형이 이 정도 나오려면 사례형이 어느 정도 되어 있다는 것이고, 반대로 사례형이 이 정도 되어 있어야 선택형이 이 정도 나온다. 기록형은 좀 결이 다른데, 기재 방식과 득점 포인트가 조금 다르므로 따로 신경을 써 줘야 한다.

한편 사례·기록형에서 겹치는 100개 부분은 선택형 공부를 통해 사례·기록의 법리도 다시 공부가 된다. 즉 여기에서 사례·기록형에서 출제될 내용도 함께 포함하고 있으므로, 사실상 사례형과 기록형을 같이 준비하는 것이다.146) 선택형을 볼 때 키워드를 따로 챙기며 보자. 그 키워드들이 사례·기록형에서 점수가 될 것이다.

---

146) 당연한 말이지만, 틀이 잡혀 있는 상태여야 한다.

_ 회차별 기출문제

한편으로는 회차별로 풀어보는 것이 좋을 수 있다. 활용하는 방법은 많다. 저자는 3학년 여름방학 때부터 최근 모의고사 3개년(변시 당해연도 포함), 변시 최근 5개년을 매주 한 회분씩 모든 과목을 풀었다. 오전에 한시간 동안 했는데, 월요일에는 공법 40개, 화요일에는 형사법 40개, 수요일에는 민사법 35개, 목요일에는 나머지 35개를 풀었다. 이렇게 하면 1주일에 한 회분씩 처리할 수 있다.

이는 감 유지용으로도 좋을 뿐 아니라 최근 출제경향도 파악할 수 있고, 전 범위를 볼 수 있으므로 부족한 곳을 찾기도 쉽기에 하나의 방법이 될 수 있다. 또한 기출분석을 통해 향후 출제될 문제도 예상이 가능해진다. 그러나 어디까지나 회차별은 내가 모르는 것을 찾아내고 감을 유지하는 성격이 강하다. 따라서 처음부터 회차별로 준비하는 것은 좋은 선택이 아닌 것으로 보인다.
한편 1~2학년 때 선택형 기출문제집을 구해서 이걸 3학년까지 끌고 가는 경우, 그 책에는 최근 문제가 없으므로, 그 최근 문제를 회차별 문제로 보충하는 것도 괜찮아 보인다.

_ 선택형 시간배분연습

선택형도 시간배분이 중요하다. 뭐 변호사시험에서 시간배분이 중요하지 않은 유형이 있겠냐만 말이다. 공법과 형사법은 70분동안 40문제를, 민사법은 120분동안 70문제를 풀어야 한다. 대충 따져도 한문제를 푸는데 2분 안에 풀어야 한다는 것이다. 지문도 긴데 시간도 빠듯하니 조금만 밀리면 계속 시간에 쫓기게 된다.

그런데 선택형은 '마킹시간'이 필요하다. OMR을 마킹해야 하므로, 마킹시간을 따로 배정해서 풀어야 한다. 그러다 보니 생각보다 좀 더 시간이 타이트하게 된다. 문제 개수도 많은 만큼 생각보다 마킹시간이 오래 걸린다.

공법과 형사법은 기본적으로 마킹시간에 10분을 배정하였다. 즉 40문제를 푸는데 60분 동안 풀어야 한다는 것이다. 그런데 문제를 풀면서 40개가 다 막힘없이 풀 수는 없는 것이다. 그래서 중간에 답이 한눈에 보이지 않는 것은 바로 건너뛰어야 한다. 안 그러면 시간이 부족하다. 어차피 40개 다 맞을 것은 아니지 않은가? 내가 목표한 개수만 맞으면 되고, 잘 모르는 것은 찍어서 맞추겠다는 생각으로 건너뛰면 된다.

아무튼 40번까지 딱 끝내는데 60분이 걸려야 한다는 것이다. 대충 15분에 10개씩 풀면 된다. 이렇게 하면 시간관리하기 한결 쉽다. 40번까지 끝낸 다음에는 마킹을 하기 시작한다. 현실적으로 마킹하는데는 10분이 걸리지 않는다. 그렇다면 남는 시간은 뭘 할까? 아까 못 푼 문제에 돌아가서 다시 풀면 된다. 사실 다시 본다고 답이 보이는 것은 아니다. 그냥 몇 번으로 찍을지 고민하러 가는 시간일 것이다.

마찬가지로 민사법은 마킹시간에 15분을 배정한다. 15분에 10

문제인 것은 같다. 70번까지 끝내는데 105분이 걸린다. 이렇게 70번까지 풀고 나서 남은 15분 동안 마킹을 한 후, 남은 시간은 다시 못 푼 문제로 돌아가면 된다.

사실 위에서 저자가 제시한 시간은 '가이드라인'이다. 문제를 실제로 풀다 보면 중간중간에 유동적으로 바뀔 수 있다. 보통 앞이나 뒷부분의 문제는 지문 길이가 짧고 간단한 경우가 있는 반면, 중간부분의 문제는 지문이 길고 오래 걸리는 문제들이 많다. 그래서 그런 것들을 감안해서 중간중간에 유동적으로 시간조절을 잘하자.

한편 답을 찍을 때 너무 중구난방으로 찍는 것은 좋아보이지 않는다. 어차피 우리들은 지금까지 수많은 선택형을 풀어온 '객 귀신'들이 아닌가? 저마다 자신만의 찍는 방법이 있을 것이니, 이 부분은 여러분들에게 맡기겠다.

_ **선택형 마무리**

초창기 변호사시험때는 선택형만 가지고도 합격이 가능했었다. 그러나 회차가 쌓여갈수록 선택형만 가지고는 변호사시험을 합격할 수 없게 되었다. 그럼에도 변호사시험 합격에 가장 큰 영향을 미치는 유형인 만큼, 끝까지 정말 열심히 해야 한다.

선택형을 무한 반복하는 시기에도 사례형과 기록형은 최소한의 감 유지용으로도 써 봐야 한다. 특히 선택형 반복은 시험장 들어갈 때까지 하는 것이다 보니 다시는 제대로 사례형과 기록형을 써볼 시간이 충분히 나지 않을 수 있다. 3학년 때 학교 수업에서 쓰는 수업이 있다면 감 유지용으로 수강신청을 하는 것도 좋다. 조금만 안 써봐도 감이 떨어질 수 있기 때문이다.

한편 선택형을 반복하는 것은 정말 지겨운 일이다. 똑같은 내용을 1년 이상 반복하는 것인데, 마지막 3개월쯤 되면 정말 지겹다. 지겨움을 넘어서 고통스럽기까지 하다. 하루하루가 지옥 같다. 사례형이나 기록형을 공부하거나 최신판례를 보면 재미라도 있지 이건 재미도 없다. 아마 변호사시험 준비하는 과정에서 가장 고통스러웠던 공부일 것이다.

회독수가 늘다보면 희안하게 '지금은 아는데 다음에 다시보면 까먹을 것 같은 내용'이 보인다. 그래서 이런 것도 따로 표시해주고 가면 좋다. 기가 막히게 이걸 까먹은 본인에 탄식이 나오며, '아 지난번에 표시하길 잘했다'는 생각이 들 것이다. 그래도 이렇게 하다 보면 그것도 결국은 자신의 것이 된다.

회독수가 늘 때마다 점차 아는 것을 지워가게 되는데, 그러다 보니 모르는 것만 계속 반복하게 된다. 이걸 시험장에 들어갈 때까지 하는데, 정말 아무것도 모르고 있는 것 같다는 착각이 든다. 그런데 너무 당연한 것이, 모르는 것만 보고 있기 때문이다. 그런 생각이 든다는 것은 반대로 내가 아는 것이 늘고 있다는 것이 되므로, 걱정말고 시험장으로 향하자. 정답이 손을 들고 있을 것이다.

(5) 요건과 요건사실

_ 요건과 요건사실에 대해서

 민사법을 공부하다 보면 요건과 요건사실이라는 것을 알게 된다. 이 두 개가 뭔가 비슷한 이름을 가졌으면서도 뭔가 다른 것 같다는 것을 어렴풋이 알 수 있을 것이다. 그렇다면 이 요건과 요건사실은 무엇이 다른 것일까?

 먼저 요건에 대해 저자는 이렇게 정의하고 싶다. 『어떤 법적 효력을 발생시키기 위한 조건』정도로 말이다. 이 요건은 형법에서도 등장한다. 바로 구성요건이다. 어떤 행위가 범죄가 되기 위해서 갖추어야 할 조건, 즉 형벌을 과하기 위한 전제요건이 되는 행위가 구성요건이다. 반면 민사법에서는 일반적으로 요건이라는 표현으로 등장한다. 이 요건은 보통 여러개로 구성이 된다. 사례형에서는 어떤 법적 효과가 발생하였는지에 대해 이 요건을 갖추었는지 여부로 물어보는 경우도 많다. 물론 다른 법에서도 비슷한 방식으로 등장하는 개념들이 있다. 가령 형사소송법에서 긴급체포의 적법요건 등이 있다. 보통 이 요건은 법조문이나 판례에 의해 정해지는 경우가 많다.

 반면 요건사실은 민사법[147]에서만 등장하는 개념으로 권리의 발생, 장애, 소멸 등의 각 법률효과가 인정되는지 여부의 판단에 있어 그 발생요건에 해당하는 구체적 사실을 요건사실이라고 한다.

---

147) 사실 민사실무에서 사용되는 표현이다.

이 요건사실이 인정되어야지 원고나 피고의 청구권이나 항변권 등을 인정받을 수 있는 것이다. 즉 이 요건과 요건사실은 비슷해 보이지만 다른 구석도 있는 것이다.

_ 수험에서의 요건과 요건사실

이 요건과 요건사실은 사례형과 기록형에서도 많이 검토하게 된다. 먼저 요건의 경우 보통 숫자를 붙여 서술하게 된다. 가령 ①②③등의 순서를 붙여서 써준다. 그런데 이 모든 요건이 문제가 되는 것은 아니다. 보통 한 두개의 요건이 문제가 된다. 그렇기에 먼저 요건을 다 써주고, 문제가 되는 요건을 별도로 검토해주는 방식으로 써준다. 예를 들면, '사안에서는 ③의 요건을 갖추었는지 여부가 문제된다' 는 식으로 기재해줄 수 있겠다. 그리고 사안포섭 단계에서는 '③의 요건을 갖추었다/갖추지 못했다. 이 외에 나머지 ①, ②의 요건은 특별히 문제되지 않는다/주어진 사실로 볼 때 이를 갖춘 것으로 보인다' 정도로 표현해 줄 수 있다. 물론 이 역시 배점의 문제로 배점이 큰 경우에는 좀 더 자세히 검토해주고 배점이 작은 경우에는 문제되는 요건 위주로 검토해주면 된다.

요건사실의 경우, 민사법 기록형에서 요건사실이 중요한 것은 너무나 당연하고 사례형에서도 이 요건사실은 등장하는데 보통 법원의 판단을 묻는 문제에서 이 요건사실이 등장하는 편이다. 법원이 어떠한 판단을 하기 위해서는 원고의 청구권이 대한 청구원인에 해당하는 요건사실을 갖추었는지, 피고의 항변권에 대한 요건사실이 인정되는지가 중요한데, 이때 요건사실을 검토하게 된다. 요건사실을 검토하는 것도 위에서 설명한 바와 같이 빌드업이 중요하다. 원고의 주장과 피고의 항변 과정148)으로 검토해주어야 하기 때문이다. 한편 요건사실이 여러개인 경우 검토하는 방식은 요건과 같은 방식으로 해주면 된다. 한편 이런 문제의 경우 법원의 판단도 판결문의 주문(≒청구취지) 방식으로 적어주는 것이 좋다.

민사법에서는 이 요건과 요건사실이 명확히 구분되지 않는 것들도 있다. 요건사실 자체가 요건을 바탕으로 정해진 것이기에 아예 요건과 동일한 경우도 있다. 그러다 보니 수험생들이 요건과 요건사실을 헷갈려하는 것이다. 예를 들면, 민법 제245조 제1항의 점유취득시효의 경우 요건은 『① 20년간 ② 소유의사로 ③ 평온·공연하게 점유』이다. 반면 점유취득시효의 요건사실은 『20년간 점유사실』 하나다. 왜냐하면 민법 제197조 제1항에 따라 점유자는 소유의사로 선의, 평온 및 공연하게 점유한 것으로 추정되기 때문이다. 즉 ② 요건과 ③ 요건은 추정되는 사실이기에 피고가 항변으로서 이게 아니라고 주장·입증할 책임이 있고, 원고 입장에서는 ① 요건만 요건사실로서 입증하면 되는 것이다. 반대로 ② 요건과 ③ 요건은 피고 항변의 요건사실이 된다.

만약 점유취득시효가 사례형 문제로 나왔다고 생각해보자. 단순히 점유취득시효가 완성되었는지에 물어보는 것이라면 요건을 검토해야 하는 것이고, 법원의 판단 등을 물어보는 것이라면 요건사실로서 원고 주장의 요건사실 및 피고 항변의 요건사실을 구분해서

---

148) 원고의 재항변이 있을 수도 있다.

판단해야 한다.

_요건과 요건사실의 중요성

이렇듯 우리가 공부하는 변호사시험에서 요건과 요건사실은 중요한 내용 중 하나이다. 우선 요건의 경우 각 개념과도 연결되어 있다. 사실상 개념과 요건이 같은 경우도 있다. 그렇기에 개념을 공부하면서 요건도 연결해서 같이 공부하게 된다. 그리고 이 요건은 문제에 출제되는 경우 개념 및 조문과 함께 같이 기재하는 경우가 대부분이다.

요건사실 역시 매우 중요하다. 실무에 있어서 가장 기본이 요건사실이기도 하지만, 수험에서도 중요하다. 앞서 말한 바와 같이 사례형과 기록형에서도 자주 나오고, 특히 기록형에서는 이 요건사실을 써 주었냐가 채점의 기준이 된다. 그래서 요건사실론이라는 사법연수원 교재도 있고 강사들도 이 요건사실론을 별도로 강의하며 학교들도 수업을 개설하여 다룬다.

요건사실은 민사실무에 있어 언어와도 같다. 따라서 사법연수원 교재에 있는 요건사실들은 전부 공부하고 암기해야 한다. 그 외에도 출제될 만한 요건사실들도 별도로 공부해줄 필요가 있다. 툭 치면 술술 나올 정도까지 공부를 해 놓아야 한다.

이렇듯 요건과 요건사실은 비슷해 보이면서도 조금 다르다. 문제에서 정확히 어떤 것을 물어보는 것인지 잘 파악해서 문제를 풀자.

PART
03
로스쿨 생활기

▶□◀▷▶□◀▷▶□◀▷
변 호 사 시 험 위 키

> 로스쿨도 결국 사람이 살아가는 곳이다. 로스쿨이라는 작은 사회에서 일어날 수 있는 일들에 대해서 저자가 경험한 사실을 바탕으로 전달해보고 싶다.

PART

03

독서 엿보기

제1장 학교생활

1. 로스쿨은 대학원일까?

로스쿨, 아니 법학전문대학원은 사실 이름만 대학원이지 학부 생활의 연속이라고 보면 된다. 정확히 말하면 학부생활 + 고등학교 정도로 보면 편하지 않을까 한다. JTBC에서 방영한 '로스쿨'이라는 드라마가 있었다. 사실 이건 소재만 로스쿨이고 실제 생활은 이거랑 전혀 상관이 없다. 내 공부하기 바빠서 남들이 뭘 하는지, 학교에서 무슨 일이 벌어지는지 신경 쓸 여력이 없기 때문이다[1].

사실 법학전문대학원은 법학전문대'학원'이다. 간단하게 변호사시험을 준비하는 학원을 다니는데 시스템만 학부라고 생각하면 되겠다. 비싼 돈 내면서 다니는 학원 말이다. 그러니 돈 아깝지 않게 열심히 공부하자.

공강 시간에 잠시 놀러 가기도 하고, 카페에 가기도 하는 등 휴식시간을 갖기도 한다. 방학 때 잠시 여행을 갈 수도 있다. 하루 공부가 끝나고 잠깐 한잔하러 갈 수도 있다. 이렇게 보면 평상시에 계속 공부를 해야 하는 것 빼고는 일반 학부랑 크게 다른 것도 없어 보인다.

---

[1] 당연하겠지만 물론 예외도 존재한다.

수업이 없는 날이나 방학 때는 온전히 자기만의 시간이다. 이 시간을 어떻게 보내는지가 변호사시험 합격에 있어 가장 중요하다고 생각한다. 물론 항상 공부를 해야 하는 것은 사실이지만, 우리 몸은 기계가 아니기 때문에 휴식을 취하는 것이 중요하다.

2. 법학전문대학원 사람들

_ 대인관계의 중요성

학교생활에서 가장 중요한 것은 학교 사람들과의 관계이다. 이른바 '원우'라고 불리는 사람들이다. 사람은 사회적 동물이라고 했던가? 완전히 아싸로만 살면서 변호사시험까지 모든 것을 나 혼자 하겠다는 생각으로 생활한다면 모를까 어쩔 수 없이 주변 학교 사람들과 일정한 관계를 형성하면서 생활할 수밖에 없다. 대부분은 학교에서 공부할 것인데, 그러다 보면 가장 자주 마주치는 사람들도 학교 사람들이다. 그래서 이들과의 관계를 잘 형성하는 것이 가장 중요하다.

흔히들 법학전문대학원에 대한 인식으로, 학교생활이 대인관계에 있어 지옥[2]이라는 것이다. 이에 대해 개인적으로는 case by case 라고 생각한다. 일반적으로는 지옥으로 갈 수 있는 요소들에 아래처럼 몇 가지 요소가 있을 것 같다.

---

[2] 공부가 지옥이긴 하다...

간혹 다른 사람들에 대해 관심을 많이 갖는 사람들이 있다. 그러면서 남에게 눈치를 주거나 일정 행동을 무언으로 강요하는 분위기도 간혹 있을 수 있다. 그러다 보면 뭔가 내 행동들이 계속 움츠러들고 혹시 뭔가 잘못하는 것이 있지 않을까 하는 생각도 들 수 있다. 또 폐쇄된 환경이다 보니 소문이 금방 난다. 뭐 별것도 아닌데 소문이 나는 경우가 있는데, 소문이 그렇듯 퍼지다 보면 이상한 쪽으로 흐르게 된다. 수험 생활상 대부분의 생활을 공유하다 보니 더욱더 그런 모습을 보이기 쉽다.

_ 빌런의 출몰

이렇듯 남들에게 수험생활에 있어 안 좋은 영향을 미치는 사람들이 있다. 이런 사람들은 거의 빌런이라고 부를 수 있을 정도이다. 매사에 부정적인 영향을 미치기에 기피 1순위라고 할 것이다. 보통 한 기수에 이런 사람들이 한 두명씩은 있을 것이다.

문제는, 입학하자마자 눈에 띄는 빌런들도 있는가 반면, 학년이 높아지면서 등장하는 빌런들이 있다. 한 선배의 말에 의하면, "호날두"와 "메시"같은 빌런이 있다가 갑자기 "네이마르[3]"가 튀어 나온다고 한다. "호날두"나 "메시"는 처음부터 피하면 되는데, "네이마르"는 유망주다 보니 처음부터 알아보고 피하기가 어렵다. 보통 수험생활의 스트레스가 쌓이면서 본성이 나오는 경우인데, 나타날

---

[3] 이때는 네이마르가 유망주일 시절이었다. 그냥 여기서는 빌런 유망주 정도라고 생각해주었으면 좋겠다.

낌새가 있는 경우도 있기도 하고 어느 순간 갑자기 나타나는 경우도 있다.

유형은 다양하다. 그냥 오오라부터 '내가 빌런이다'는 것을 풍기는 사람이 있는가 하면, 행동이 빌런인 경우가 있다. 가령 가만히 앉아있지 않고 온갖 소음을 내며 공부하는 사람들이 이런 경우이다. 또한 에어컨이나 히터, 창문 등을 가지고 피곤하게 하는 경우도 있다. 정말 어떻게 보면 아무것도 아닐 수 있는데, 스트레스가 심하다 보면 별것 아닌 것도 신경 쓰이기 마련이다.

또 하나의 유형은, 자신의 스트레스를 남에게 전가하는 스타일이다. 우리 모두가 수험으로 스트레스를 받고 있는데, 유독 자신의 스트레스를 남에게 전가하는 사람들이 있다. 물건에 화풀이하는 것은 양반이고, 남에게 짜증을 내는 경우도 있다.

저자는 2018년 2학기에 학생회장을 했었다. 그러다 보니 학생생활에 대한 전반적인 컴플레인을 받았었는데, 기본적인 생활에서 발생하는 것들은 얼마든지 학교에 전달해서 해결해 줄 수 있었지만, 간혹 별거 아닌 걸로 나한테 짜증을 내거나 화를 내는 사람들이 있었다. 또한 해결해 줄 수 없는 것들을 괜히 요구하는 경우도 있었다. 이 책을 읽는 독자들은 이런 것들은 자제해 주었으면 좋겠다.

한편 이런 것들은 모두 수험에 대한 스트레스로부터 기인하는 것 같다. 가까이는 매 시험마다 학점에 대한 스트레스가 있을 것이고,

멀리는 50%대의 합격률의 변호사시험도 있다. 또한 매일매일 하는 공부 자체가 스트레스일 수도 있다. 우리 모두가 스트레스 속에서 살아가는 만큼, 내가 "네이마르"가 될 수도 있다는 것을 항상 염두하며 조심스럽게 생활하자.

_ 동기들과의 학교생활

동기는 어딜 가나 항상 중요하다. 좋든 싫든 나와 같이 생활을 해야 하는 사람들이고, 같은 상황 속에서 생활하기 때문에 희노애락을 같이 하는 사람들이기도 하다. 또한 같은 길을 가고 있기에 서로의 애환을 이해해줄 수 있는 사람들이기도 하다. 그래서 더욱 중요하다.

그런데 동기들은 대부분 나와 같은 수업을 듣고 같은 시험을 본다. 즉 '학점'을 나눌 대상이기도 하다. 학점은 중요하다. 그러나 학점보다 더 중요한 것은 사람관계 아닐까 한다. 당연히 학점은 관리해야 하는 것이고, 잘 받으면 좋다. 향후 취업과 관계가 있을 수도 있다. 그런데 단순히 학점을 잘 관리하는 것을 넘어 남들에게 피해를 주면서까지 잘 받아야 하는 것은 아니라고 생각한다. 어디까지나 소문으로만 들은 내용인지만, 다른 동기의 책을 숨긴다던지 공부를 방해하는 식의 범죄 수준으로까지 자신의 학점을 위해 수단과 방법을 가리지 않은 경우도 있다고 한다. 이렇게까지 해서 딴 학점이 과연 스스로에게 떳떳할지 생각해 보자.

아프리카 속담 중에 "빨리 가려면 혼자 가고 멀리 가려면 같이 가라"라는 말이 있다. 딱 법학전문대학원의 동기에게 해당하는 말인 것 같다. 어쨌든 우리는 변호사시험이라는 먼 길을 가는 사람들이다. 그렇기에 평상시에 동기들이랑 좋은 관계를 갖자.

간혹 철저히 '아싸'로만 살면서 혼자 공부하는 사람들이 있다. 절대로 나쁜 게 아니다. 남들과 엮이지 않으면 남들에게 스트레스 받을 일도 없기 때문이다. 이것도 성향만 맞는다면 좋은 방법이 될 수 있을 것 같다. 그러나 대부분의 사람들은 남들과 일정한 관계를 형성하며 살 수밖에 없다. 그러니 좋든 싫든 잘 생활해야 한다.

스터디를 하게 된다면 대개 동기들과 하게 된다. 가장 만만하면서도 수준이 비슷하고 같은 학업과정을 지나고 있기에 스터디를 하기 정말 좋은 사람들이다. 스터디에 대한 말은 아래에서 자세히 말하고 싶다. 다만 스터디를 짜거나 할 때도 동기들은 도움이 많이 되는 존재들이다.

한편 졸업하고 나서도 동기들은 서로 좋은 영향을 미칠 수 있다. 취업부터 시작해서, 뭔가 물어볼 것이 생기는 경우에 가장 만만하게 물어볼 수 있는 사람들이 동기들이다. 간혹 같이 일할 수도 있다.

이렇듯, 법학전문대학원 3년동안 가장 중요한 사람들은 동기들이다. 밥을 먹을 때도 혼자만 먹을게 아니라면 같이 먹을 사람들이 있어야 한다. 또 여가활동이나 스트레스해소 등을 위해서도 동기들은 든든한 도움이 되는 사람들이다. 동기들을 항상 챙겨주고, 이들의 존재에 감사하게 생각하자.

_ 선후배와의 학교생활

선후배 역시 법학전문대학원 생활에 있어 중요하다. 여기서 선후배는 학교를 같이 다닌 선후배를 말한다. 물론 같이 다니지 않은 차이가 좀 나는 선후배도 중요하지만, 아무래도 같은 시기에 같은 장소에서 생활을 같이한 사이가 좀 더 친밀감이 있을 수밖에 없다.

먼저 선배의 경우, 나보다 먼저 학교에 온 만큼, 학교에 대한 정보가 많다. 변호사시험에 대한 정보 역시 마찬가지이다. 공부 방법이나 책 소개, 학교 커리큘럼에 대한 생생한 정보를 바로 받을 수 있다. 이뿐만이 아니라 각 교수님들만의 특성이나 어떤 수업이 좋은지, 학교 시험을 어떻게 준비해야 하는지 등에 대한 정보는 선배가 아니면 알기 어렵다. 또한 맛집이나 좋은 자취방 등에 대한 정보들도 알려주는 경우가 있다.

그러나 단순히 정보만을 얻기 위해 선배와 잘 지내야 하는 것은 아니다. 동문이기도 하고, 같은 장소에서 같은 생활을 하고있는 사람이며 내가 경험할 고난의 길을 미리 경험해 본 사람으로서 인간적인 관계로서도 좋은 사이이다. 한편 모두 졸업한 경우, 같은 분야에서 일하는 사람들인 만큼 여러 가지로 도움을 주고받을 수 있다. 동아리 같은 것을 같이 하게 되면 정말 친하게 지낼 수 있다.

후배의 경우, 위와 딱 반대 느낌이다. 내가 선배로서 후배들에게 도움을 줄 수 있고, 반대로 생활적인 측면에서 도움을 받을 수도 있다. 또한 역시 같은 길을 가는 사람으로서 동질감을 강하게 받을 수 있다.

한편 빌런은 선후배를 가리지 않는다. 선배나 후배 중에서도 빌런이 당연히 있을 것이다. 다만 동기가 빌런인 것보다는 상대적으로 영향은 덜 받을 수 있다. 그러나 선배 중에 빌런이 있는 경우, 같은 학습장소(열람실이나 강의실 등)에 있다면 좀 피곤해진다. 특히 3학년 선배가 빌런이라면 정말 컴플레인을 하기도 어렵다. 알아서 잘 피할 수밖에 없다.

때에 따라서는 동기보다 더 잘 지낼 수 있는 게 선후배이다. 이 역시 로스쿨 생활의 일부이므로, 서로서로 돕고 살자. 나중에 하나의 추억으로 남는다.

_ 교수님들

교수님들... 사실 뭐 특별히 학부 때와 다를 것이 없다. 그런데 법학전문대'학원'은 변호사시험을 위해 존재하는 학교인 만큼, 교수님들 역시 우리들의 변호사시험 준비를 위해 있는 분들이라고 볼 수 있다. 우리들에게 교수님들의 역할은 학문적 측면도 중요하겠지만, 변호사시험을 위한 지원이 역시 가장 중요하다.

아무래도 학교 수업이나 시험에 있어서 수험적합성이 높은 교수님들이 인기가 많을 수밖에 없다. 이런 분들의 수업은 정말 학원 강사들에게는 들을 수 없는, 변호사시험 뿐만 아니라 실무에 있어서도 많은 도움이 된다. 특히나 출제 경험이 있으신 분들은 출제 경향이나 출제 방식 등에 대한 정보도 주시는 경우가 있다.

가장 큰 부분은, 사례형과 기록형을 도와주실 수 있다는 것이다. 사례형과 기록형을 내가 쓰고 내가 직접 검토한다는 것은 정말 어려운 일이다. 저학년 때는 사실상 불가능하고, 고학년이 되더라도 그 정도 수준에 오르기는 쉽지 않으며 오른다고 해도 시간이 부족하다. 또한 세세한 득점 포인트 같은 부분은 출제 경험이나 채점 경험이 있는 교수님이 아니면 찾아내기 어렵다. 따라서 그런 수업이 있다면 듣는 것이 좋고, 아니더라도 찾아가서 물어본다면 이를 거절할 교수님은 없을 것이다. 즉 교수님을 귀찮게? 해야 한다.

물론 교수님들은 공부 외에 대한 것도 상담을 잘해주신다. 학교 교수님이기 이전에 인생 선배인 만큼, 어려움이 있을 때 찾아가면 잘 들어주시고 좋은 의견을 주실 것이다.

교수님들은 대개 선배 법조인이다. 그렇기에 나중에 졸업하고 실무를 하는 경우에도 많은 도움을 주실 수 있다. 참 여러 가지로 도움을 주시는 분들이다. 항상 학교 교수님들께 감사하자.

_ 분위기

　로스쿨을 다닐 때 누구와 다니는지는 정말 중요하다. 특히 학교 분위기가 중요하다. 다 같이 열심히 하는 분위기여야 한다. 단순히 열심히 하는 것이 아니라, 어떻게 해야 잘할지, 지금 하는 방향이 맞는 건지, 이렇게 하면 변호사시험에 될 것 같은지 같은 고민을 다 같이 하는 분위기여야 한다.

　변호사시험은 인생을 걸고 준비하는 목표이다. 단순히 좋은 사람인 것만으로는 부족하다. 나와 같이 치열하게 연구하고 공부할 사람이 주변에 있어야 한다. 누군가가 항상 놀러가자고 한다던지 등 분위기를 흐리는 사람이 있다면, 그 사람이 좋은 사람이라도 적어도 학교 다닐 때만큼은 멀리 하는게 좋다. 좀 비정할 수도 있다. 그러나 그 사람이 내 인생을 대신 살아 줄 것은 아니지 않은가?

제2장　사설 학원강의

_ 학원을 찾기 전에 먼저 검토해야 할 것

변호사시험을 준비함에 있어 이제 학원은 필수적인 존재가 되었다. 단순히 학교 수업이나 과정만 가지고는 변호사시험에 합격하기 어렵다. 물론 예외인 사람도 있을 수 있지만, 3년만에 한번에 합격한 사람이 학원강의를 단 하나도 듣지 않은 경우가 과연 있을지 모르겠다.

그런데 현실적으로 7법 모두를 학원 강의에 의존할 수는 없다. 학원 강의도 내 부족한 시간을 투자해야 하고, 복습도 따로 해야 한다. 학교 수업과 이걸 전부 병행하기는 정말 어렵다. 그렇다면 어떤 경우에 학원 강의를 들어야 할까?

학원 강의는 보충적으로 이루어져야 한다. 학교 수업만으로는 부족한 과목을 듣는 것이 원칙이다. 학교 수업을 잘 알아보면, 수험적합성이 매우 높으면서도 '이 강의만 들으면 그 파트는 해결됨!' 같은 수업이 있다. 그런 파트는 굳이 강의를 따로 시간 내서 들을 필요가 없다. 대체적으로 그 학교에서 유명한 교수님들이 이런 수업에 해당할 것이다. 가령, 학교에 형사기록 수업이 이처럼 강의 하나 들으면 해결되는 것이 있다면, 굳이 따로 형사기록 수업을 들을 필요가 없다는 것이다.

학원 강의를 잘 활용하면 정말 '획기적'이라고 표현할 수 있을 정도로 도움이 된다. 학원강의를 단 한 개도 듣지 않고 변호사시험을 보러 가는 학생이 있는지는 모르겠지만, 절대 다수의 수험생들은 학원강의를 지금까지 들어왔고, 지금도 듣고 있을 것이며 앞으로도 들을 것이다. 그렇다면 그 학원 강의를 어떻게 선택해야 할까?

_ 무슨 강의를 들어야 할까?

결론적으로는 나한테 꼭 필요한 강의만 들어야 한다. 먼저 학교에서 해결되지 않는 것이 무엇인지 알아야 한다. 처음 학교에 입학했을 때에는, 어떤 수업이 이처럼 학원강의를 들어도 되지 않는 수업이 있는지 알기 어렵다. 이럴 때는 적극적으로 선배들을 통해서 알 수밖에 없다.

그다음에는 강의가 필수적인 과목들이 있다. 가령 민법 기본강의가 있다. 민법은 워낙 양이 방대하기 때문에 학교 수업시간만으로는 해결하기 어렵다. 그렇기에 학교 수업만으로 사례형까지 해결하기는 쉽지 않다. 물론 학교 커리큘럼이 완벽해서 학교 수업만으로도 민법이 해결될 수 있는 법학전문대학원이 있을 수 있다. 그러나 그런 곳은 있더라도 많지 않을 것이다. 또한 법학전문대학원 입학 전에 법 공부를 미리 한다면, 당연히 이 시기에는 민법을 해야 한다. 입학 전이니 학원 수업을 이용할 수밖에 없다. 1학년 1학기부터 달릴 수밖에 없는게 법학전문대학원의 현실이다 보니, 예습은 필수적이다. 이때 학원의 민법강의를 듣는게 좋다.4)

그다음으로는 정말 자신에게 어떤 부분이 필요한지 먼저 진지한 고민이 필요하다. 그냥 남들이 듣기에 무지성으로 따라 듣는 경우나 그냥 막연히 이 부분의 강의를 들어야겠다 해서 듣는 경우는 없어야 한다. 내가 어떤 과목이 부족한지, 그중에서도 어떤 부분이 부족한지, 부분적으로 부족한 곳이 있는지 아니면 어떤 유형이 부족한지 세부적으로 본인의 상태를 진단하고 정확한 처방을 내려야 한다.

강의만능주의는 피해야 한다. 돈도 돈이지만 시간이 정말 부족하다. 강의를 선택할 때에는 '이게 나한테 꼭 필요한 강의인가?'를 몇 번 고민해보고 듣길 바란다.

_ 어떤 강사의 강의를 들어야 할까?

대부의 수험생들은 이미 답을 알고 있을지도 모른다. 저자가 개인적으로 생각하는 정답은 '자신에게 맞는 강사'의 강의를 들으라는 것이다. 그 어떤 강사도 모든 수험생을 100% 만족시킬 수는 없다. 사람이 수천명이 있는 만큼 니즈(needs)와 성향도 각자 다르다. 누구한테는 이 강사가 정말 맞지만 누구한테는 전혀 안 맞을 수도 있다.

---

4) 모든 기본강의를 다 들을 필요는 없다. 다만 민법은 거의 대부분의 수험생이 들을 것이기에 적어봤다.

따라서 절대적으로 어떤 강사가 낫다고는 아무도 함부로 말할 수 없다. 다만 많은 수험생이 듣는 강의가 있을 뿐이다. 책도 중간에 바꾸기 어려운 것처럼 강의도 중간에 바꾸기 어렵다. 그만큼 그 강사의 수업 스타일이나 책(강의에 쓰는 책) 스타일을 많이 알아보고 선택해야 한다. 단순히 유명하고, 많은 수험생이 선택했다고 해서 나한테도 반드시 맞는다는 보장은 없는 것이다. 물론 많은 사람이 선택하는 것에는 이유가 있을 수는 있다. 따라서 정말 아무리 알아봐도 잘 모르겠다면 가장 유명한 강사를 선택할 수는 있다[5].

반대로 책을 먼저 고르고 그 책으로 강의하는 강사를 선택할 수도 있다. 책을 선택하는 것도 앞서 말한 것처럼 심사숙고해서 결정하는 만큼 이것도 하나의 방법이 될 수는 있다. 그 책을 활용함에 있어 강의를 듣는 것도 하나의 공부방법이기 때문이다.

또한 한 과목에서 한 사람의 강사만 들을 필요도 없다. 극단적으로 말해서 기본강의, 사례강의, 해설강의, 최신판례강의, 파이널을 전부 다른 사람 강의를 들어도 된다. 특정 부분에 특별히 강한 강사들이 있는 경우도 있기 때문이다. 마찬가지로 특정 부분에 따라 나에게 맞는 강사가 다르기도 하다. 내 목적마다 다른 강사를 선택할 수도 있다는 것이다.

결론은 '100% 절대적인 기준은 없다'이다. 자신에게 맞는 강사

---

[5] 지방일수록 강사에 대한 정보가 부족할 수 있다. 어쩔 수 없는 부분이긴 하지만 좀 더 알아보는 수고를 할 수밖에 없다.

를 찾는 것도 수험의 일부이고, 자신이 스스로 노력해서 알아봐야 하는 것이다. 따라서 결과를 놓고 강사를 탓하는 일이 없었으면 좋겠다. 선택은 자신이 하는 것이다.

_ 학원 강의활용

이 역시 주관적인 생각이다. 필요한 강의를 듣는 것은 당연하다. 그런데 그 필요, 즉 강의를 듣는 목적이 무엇인지를 생각해 보아야 할 것이다. 강의 종류는 예비순환부터 1순환, 파이널, 모의고사 해설강의, 최신판례강의, 사례형, 기록형, 선택형 등 종류가 정말 다양하다. 이런 강의들을 자신이 필요한 곳에 적재적소로 배치하여 활용하는 것도 공부능력 중 하나이다. 물론 강사의 코스를 전부 따라가는 방법도 있겠지만, 앞서 말한 것처럼 강의를 듣는 시간 이상 시간을 투자해야 강의 내용을 자신의 것으로 만들 수 있기에 정말 많은 시간을 공부에 할애해야 한다. 따라서 그렇게 추천하는 방법은 아니다.

앞서 말한 것처럼, 강사가 해당 강의를 하는 목적에 따라 내 부족한 부분을 메우기 위해서 들을 수도 있고, 선행학습 목적으로 들을 수도 있다. 그런데 저자는 다른 목적으로도 강의를 활용할 수 있다고 본다. 무엇이냐면 구멍을 찾기 위한 것이다. 공부를 하다보면 부족한 부분이 생긴다. 그 부족한 곳을 학원강의로 메워야 한다. 학기 중일 수도 있고, 방학 중일 수도 있다.

저자는 3학년 올라가는 겨울방학 때 인터넷 강의로 송영곤 변호사의 '민법 기본강의(재산법)'을 들었다. 지금까지 막연히 민법을 공부해 왔지만, 내가 모르는 구멍이 있을 것이라고 생각했고, 시간이 부족한 시기에도 과감히 들었다. 그리고 그 강의 덕분에 어디가 구멍인지 확인할 수 있었다. 정말 무엇과도 바꿀 수 없는 좋은 강의였고6) 수험생활에 있어 또 하나의 터닝 포인트였다. 민법에 대한 전반적인 지식이 있는 상태에서 들은 기본강의다보니 복습이 목표라기 보다는 '내가 이 부분이 약하구나'를 알게 되었고, 민법에 대한 전반적인 이해도도 높일 수 있었던 강의였다.

개인적으로는 기본강의도 기본강의지만 파이널 강의도 중요하다고 본다. 흔히 파이널 강의로 그 강사를 평가하는 경우가 제법 많다. 그 강사가 찍은 게 변호사시험에 많이 나오면, 흔히 말하는 강사가 '작두를 타는' 강사들도 매년 나온다. 사실 중요한 것은 누가 봐도 중요하기 때문에 대부분은 겹친다. 그러나 유난히 잘 맞추는 강사도 있다. 그런 부분은 강의를 선택할 때 생각할 요소 중 하나가 될 수가 있다.

아무튼 3학년 말에 시간이 없는 때에도 파이널 강의를 잘 활용하면 효율을 정말 높일 수 있다. 마지막으로 내 치명적인 구멍을 찾을 수도 있고, 내가 부족하다고 생각한 부분을 매끄럽게 정리하

---

6) 송영곤 변호사의 강의가 절대적으로 좋다는 것이 절대로 아니다. 저자가 저자에게 맞는 강의를 찾기 위해 정말 노력하였고, 몇 달동안 고민해서 선택한 강의였다. 그리고 그 시기에 적절한 강의를 들어서 좋은 결과가 있었던 것이다. 다른 강사들의 강의들도 훌륭하다. 자신에게 맞는 사람을 들으면 된다.

고 지나갈 수도 있다. 이른바 평탄화 작업이다.

저자는 3학년 말에 이정엽 변호사의 '[인사이트상법] 2020 상법 최종 핵심 정리 (최근 3개년 판례+중요쟁점 정리)'를 들었다.[7] 이 강의를 통해서 뭔가 좀 애매하게 알고 있었던 부분을 정리할 수 있었다. 그리고 상법 역시 만족스러운 결과를 받아보게 되었다.

이처럼 자신에게 필요한 강의를 적재적소에 듣게 되면 정말 큰 시너지를 받을 수 있다. 다만 그 강의가 무엇인지는 본인 스스로와의 대화를 통해서 찾아갈 수밖에 없다고 본다.

_ **현장 강의**

사실 현장강의를 듣기는 쉽지 않을 것이다. 특히나 수도권에서 먼 학교일수록 더더욱 어렵다. 절대다수의 학원은 서울에 있기 때문에 지방 학생은 방학이 아닌 이상 학기 중에는 거의 불가능할 것이다. 현장강의를 하게 되면 추가로 첨삭을 받을 수 있기 쉬워진다. 물론 메일 등으로 보낸 후 받을 수도 있지만 대면첨삭을 하게 되는 경우에는 아무래도 한계가 있을 수밖에 없다. 또한 사람따라 현강이 더 집중이 잘 되는 사람도 있다.

저자는 현강을 한번도 듣지 않았다. 사실 듣지 못했다고 보는 것이 더 맞다. 학교가 부산에 있고 서울에도 연고가 딱히 없기 때문

---

7) 저자의 상법책 대부분은 장원석 변호사의 책들이었다.

에 서울에 가기 어려웠다. 물론 주말에 약국 일도 하고 있었던 것도 이유이긴 하다. 그러나 지금 생각해보면 한번 정도는 방학때 서울에 가서 직접 강의를 들어보았으면 어땠을까 하는 생각이 있다. 아무래도 정보도 얻을 수 있고 서울권 학생들이 어떻게 공부하나 하는 모습도 볼 수 있기 때문에 강의 외로도 도움[8]이 되었을 것 같다. 지방에만 있으면 우물안 개구리가 되기 딱 쉽기 때문이다. 어떻게 보면 학원이 가깝다는 것이 수도권 학교에게 여러 가지 의미로 좀 더 유리한 부분으로 작용할 수도 있지 않을까 하는 생각도 해본다.

---

[8] 물론 해본 것은 아니기 때문에 그럴 수 있지 않을까 하는 생각일 뿐이다.

제3장 모의고사

1. 법학전문대학원협의회 모의고사

줄여서 법전협 모의고사, 아니 그냥 모의고사라고 부른다. 초창기를 제외하고는 1년에 3번씩 6월, 8월, 10월에 본다. 개인적으로는 모의고사 수를 줄였으면 좋겠다. 3번의 모의고사를 보는 것은 심리적으로도 그렇고 시간도 많이 잡아먹으며 무엇보다도 몸이 너무 힘들다. 또한 선택형의 경우 모의고사 문제가 1년에 450문제씩 쌓이는 것도 문제다.

모의고사에 대한 전반적인 내용은 앞에서 학년별 공부방법 부분에서 말했다. 다시 중요한 것들을 강조하자면, 시험 끝나고 잘 쉬는게 무엇보다도 중요하다. 정말 모의고사 한번 보고 나면 힘들다. 그리고 정리도 늦지 않게 해야 한다. 다음 모의고사가 금방금방 다가오기 때문이다. 마지막으로 모의고사는 변호사시험이 아니다. 모의고사를 잘 봐야 하는 것은 사실이지만, 모의고사 전에 너무 모의고사만을 위한 공부를 하는 것은 부적절하다. 변호사시험을 잘 보기 위해서 모의고사를 보는 것이기 때문이다.[9]

---

[9] 물론 모의고사가 졸업시험인 경우에 졸업이 간당간당한 사람은 어쩔 수 없이 모의고사에 매달려야겠지만 말이다.

법전협 모의고사의 경우 대체적으로 변호사시험과 유사한 방식으로 출제된다. 간단하게 말하면, 변호사시험 출제하는 교수님과 모의고사 출제하는 교수님이 크게 다르지 않다는 것이다. 또한 당해 모의고사를 통해 변호사시험의 방향성에 대해서도 어느정도 예측할 수 있다. 특히 10모의 경우 변호사시험과 같은 최신판례를 공유하기 때문에 더욱더 중요한 의미가 있다. 따라서 자신의 실력을 객관적으로 판단함에 있어 중요한 하나의 바로미터가 될 수 있다.

개인적으로는 모의고사를 볼 때 '잘 모르겠는데 일단 시험을 보라하니 뭐라도 답은 적고 나왔다'는 느낌이 들었다.

2. 모의고사와 변호사시험의 차이점

_모의고사의 퀄리티

변호사시험은 시험 출제를 위해 각 대학원 교수진을 포함하여 법조계의 다양한 법조인들이 참여하여 출제하는 만큼 그 수준과 질이 높다고 볼 수 있다. 오류도 거의 없고 판례를 바탕으로 객관적인 내용을 출제한다. 반면 모의고사는 변호사시험과는 달리 상대적으로 적은 출제진이 참여하는 만큼 상대적으로 변호사시험보다는 퀄리티 측면에서 낮다고 볼 수 있다. 그럼에도 시중에 나온 사설 문제보다는 당연히 수준이 높고, 변호사시험과 유사한 방향으로 출제하는 만큼 실력 검증에는 충분하다.[10]

일단 모의고사는 학생의 수준을 테스트하기 위한 목적으로 출제되는 것인 만큼 자격을 수여하기 위한 변호사시험과는 당연히 차이점이 존재할 수밖에 없다고 본다. 모의고사가 좀 더 불친절한 느낌이랄까?

개인적으로는 모의고사의 경우 표면적으로 어려움이 느껴지지만 변호사시험은 알면 알수록 어려움이 느껴졌다. 뭐라고 설명하기 참 어려운데, 마치 어려움이 다가오는 느낌이다.

_ 70%

일단 변호사시험은 거의 대부분의 문제가 판례를 비롯한 비교적 확립된 법리에 대해 물어본다. 반면 모의고사는 70% 정도의 문제에 대해서는 변호사시험과 유사한 방식으로 출제되는 비에 대해 30% 정도의 문제는 학설이나 지엽적인 조문이 나온다. 특히 상법이나 절차법, 헌법 등에서 이러한 경향이 강하다고 본다.

따라서 그러한 30%의 문제는 참고용 정도로 활용하고, 나머지 70% 정도의 문제에서 변호사시험을 위한 준비가 되는 문제라고 볼 수 있다. 이는 선택형, 사례형, 기록형 모두가 해당된다.

---

10) 개인적으로 변호사시험에 비해 70% 정도의 완성도라고 본다. 지극히 개인적인 생각이다. 반박시 당신 생각이 맞다.

_ 출제 목적의 차이점

변호사시험은 자격시험이기에 출제 방향이 변호사로서 알아야 할 내용을 위주로 출제하는 반면, 모의고사는 변호사시험을 위한 사전 테스트목적이 강하다. 즉 변호사시험의 출제 한계점이 어디인지 제시한다는 성격이 강하다. 간단히 표현하자면, 변호사시험은 '변호사가 되기 위해서 이 정도는 알아야 하지 않니?'의 성격이라면, 모의고사는 '이런 것도 아느냐'의 성격이 강하다고 볼 수 있다. 참고로 사법시험 선택형의 경우 변호사시험을 준비하는 수험생 입장에서는 '이건 모르겠지'의 성격인 것 같다.

_ 구체적인 차이점

1) 선택형

변호사시험과 가장 큰 차이점이 있는 유형이라고 생각한다. 먼저 변호사시험의 경우, 전체적으로 수준이 높고 어려우며, 법리적 판단이 필요한 경우가 있다. 다만 의외로 답을 맞추기에는 상대적으로 쉽다고 느껴질 수도 있는데, 선지의 구성이 상적으로 쉽게 제거된다.[11] 즉 충분히 공부하면 선지 몇 개가 적절히 소거되어 답을 고르는데 어렵지 않은 경우가 있다. 문제는 어려운데 답은 골라지는 것이다. 난이도 역시 이러한 '소거가 용이한가'에 따라 결정된다고 생각한다. 또한 선지의 내용이 법률적 이유를 동반하는 내용이

---

11) 난이도조절방식 역시 이러한 식으로 잘 지워지지 않게 출제하여 난이도를 조절하기도 한다. 이 외에도 그냥 구석에서 내는 방법 또는 그냥 길게 내서 조절할 수도 있다.

므로(ex. A는 B이기에 C이다) 법리적 판단으로 답을 골라낼 수 있으며 답이 명확해야 하기에 애매한 문제는 내기 어려운 점도 있다. 다른 한편으로는 모의고사를 볼 때보다 더 공부가 되었기에 실력이 더 좋아져서 쉽게 느껴질 수 있다.

반면 모의고사는 변호사시험에 비해 잘 제거되지 않는다. 또한 난이도의 조절을 지엽적인 판례나 조문, 또는 학설 등으로 하는 경우가 있어서 대부분의 수험생 입장에서는 선뜻 답을 골라내기 어려울 수 있다. 또한 판례의 경우도 결론만 써주는 경우가 있어서 판례를 정확히 알아야지만 풀 수 있는 경우도 있다(ex. A는 C이다).12) 따라서 출제 방향이 변호사시험과 다른 유형의 문제의 경우에는 선지의 결론 위주로 알아두는 것이 좋을 것이다.

민법의 경우 변호사시험과 가장 유사하고 수준도 높은 것 같다. 따라서 모의고사의 문제들도 꼼꼼히 살펴보는 것이 좋다. 반면 민사소송법이나 상법의 경우 다소 지엽적인 판례나 특히 조문이 등장하는 경우가 많다. 상법이 그런 경향이 더 강하다.

형법의 경우, 변호사시험에 비해 학설이 등장하는 비율이 높으며, 학설을 알아야 풀 수 있는 경우가 조금 더 있다. 형사소송법의 경우, 일부의 지엽적 판례나 조문을 제외하면 대체로 변호사시험에도 나올법한 내용이 나온다.

---

12) 물론 다 그런건 아니고 일부가 그렇다는 것이다.

헌법의 경우, 변호사시험은 헌법재판소의 결정이나 헌법 및 헌법재판소법 등 주된 법들의 조문 위주로 나오는반면 모의고사는 다소 지엽적인 판례나 헌법의 역사, 조문, 특히 부속 법률(국회법, 국적법 등)에서도 출제되는 경향이 조금 더 있다. 이런 문제는 적당히 보고 지나가는 것이 심적으로 도움이 된다. 행정법의 경우에는 조금 더 지엽적인 부분은 있지만 어느 정도 비슷하게 나온다고 생각한다.

한편 앞서 말한 것처럼 모의고사는 각 법들이 딱 떨어지게 구분되어 출제되는 경향이 있다. 가령 민법이면 민법, 민사소송법이면 민사소송법, 상법이면 상법만 나온다. 반면 변호사시험은 통합형 문제로서 혼합된 형태의 문제가 등장한다.

한편 선택형에서 나온 내용들은 사례형에서 논점으로 등장할 수 있다. 몇 번의 모의고사에서 반복적으로 나오고 있는 것들은 변시에서 도 선택형이든 사례형이나 기록형 논점이든 언젠간 내겠다는 땔감을 태우고 있는 것들이다. 중요하니까 계속 내는 거다. 특히 당해년도 모의고사의 경우, 가능성이 좀 더 높다.

2) 사례형

변호사시험과 가장 동일성이 높다. 모의고사에 나온 내용이나 판례는 언제든지 변호사시험에 논점으로 출제될 수 있는 내용이고, 선택형으로 출제될 가능성도 충분히 있어 보인다. 따라서 사례형의 경우 당해 모의고사는 물론이고, 역대 모의고사에서 나온 중요한 논점들은 잘 정리해두는 것이 좋다. 모의고사를 아무거나 내는 것은 아니고 결국 변호사시험과 겹칠 수 있는 논점들이기 때문이다.

모의고사에서는 간혹 대놓고 통 논점추출형 문제들이 나오기도 한다. 모의고사는 어디까지나 평가를 위한 문제이므로 그런 것 같다. 그런데 가끔 상법이나 헌법에서 통 70점짜리 문제13)가 나오는 경우도 있다. 그리고 배점과 실제로 써야 할 내용이 일치하지 않는 문제들도 종종 있다.14) 변호사시험은 일단 논점이 더 많고 논점제시형으로 보이지만 알고 보면 논점이 숨어있는 경우도 간간이 등장한다.

형사법이나 공법도 좋지만 특히 민사법 제1문, 2문의 경우 변호사시험으로 출제되어도 손색없는 문제들이 출제된다. 퀄리티가 더 높다는 것이다. 민사법 문제들은 못해도 최근 5개년 이상은 보자.

3) 기록형

기록형의 경우 조금 특이한 부분이 있다. 어느 시험은 변호사시험과 매우 유사하게 나오기도 하는 반면, 어느 시험은 다소 차이가 있는 문제가 나오는 경우도 있는 것 같다. 그런데 다르다는 것은 사실 변호사시험과 다른게 아니라, 변호사시험에 이렇게도 나올 수 있다는 것을 제시하는 것에 가깝다. 그렇기에 대부분은 비슷하게 나온다. 그럼에도 모의고사가 변호사시험보다 퀄리티부족이 가장 큰 유형이다.

---

13) 예전에는 이런 경우가 좀 더 많았다.
14) 그런데 이건 점수에 맞게 내가 맞춰서 써야하는 것이다.

기본적으로 변호사시험보다는 모의고사의 기록형이 체감상 더 쉽다. 단순 난이도보다는 써야 하는 분량이 더 많다. 기록형 문제는 쉽게 낼 수 있는 유형이 아니라서 그런 것이 아닌가 한다.

_ 모의고사의 활용

지금까지 열심히 말한 것처럼, 모의고사는 변호사시험과 기본적으로 유사하게 나오면서도 차이점이 분명 존재한다. 그렇다면 모의고사를 어떤 식으로 활용해야 할까?

우선적으로 당해 모의고사는 출제된 내용들에 대해 잘 숙지하는 것이 좋다. 그래서 제때 복기하라는 것이다. 특히 사례형의 경우 실제 변호사시험을 출제할 때 당해 모의고사를 참고해서 내시는지는 모르겠지만, 중요한 내용을 출제되는 것이므로 언제든지 선택형, 기록형으로 변환되어 등장할 수 있다. 즉 중요하니까 모의고사에서 내는 것이다. 민법과 민사소송법이 특히 더 그러하다. 물론 사례형 모의고사의 경우 기본적으로 사례집을 통해서 대부분의 법리를 공부하게 된다.

특히 선택형의 경우 최근 5개년의 판례가 출제된 문제는 언제든지 변호사시험에서 선택형, 사례형, 기록형으로 등장할 가능성이 있다. 따라서 모의고사 기출을 정리할 때 최근 5개년의 판례가 출제된 문제는 따로 표시해서 공부해줘야 한다. 당해 모의고사가 아니라도 최근에 나온 모의고사는 중요하다. 최신판례를 공유하는 모의고사 문제들은 위에서 말한 것처럼 따로 표시해두고 정리하자.

　기록형의 경우 사례형과 출제 논점이 중복되는 경우가 있으므로, 중요한 논점이 모의고사 기록형에서 나왔다면 그 논점이 변호사시험에서 사례형으로도 나올 수 있다. 그러므로 그 논점이 다시 출제되면 풀 수 있을 정도로 간단히 정리하면 되겠다. 물론 선택형 문제로도 나올 수 있다.

_ 어디까지 보아야 할 것인가?

　3년의 시간은 정말 짧다. 현실적으로 모든 모의고사를 볼 수는 없다. 특히 연차가 계속 쌓일수록 모의고사도 매년 3회분씩 쌓이고 있는지라, 몇 년도 치 모의고사를 볼 것인지는 잘 생각해서 정해야 한다.

　선택형의 경우 정말 다 못 본다. 2학년 때부터 준비하는게 아니라면, 변호사시험 기출도 만만치 않다. 따라서 몇 년도까지 볼 것인지가 중요한데, 일반적으로 최근 3개년이 효율성 측면에서 적절한 것 같다. 즉 3학년이 된 해를 기준으로 그 전 3년인 총 9회분의 모의고사 정도는 풀어보는 것이 어떨까 한다. 사실 저자는 이것도 많아서 상법과 공법은 OX집으로 넘어갔다.

　사례형의 경우, 변호사시험에서 출제될 수 있는 논점이 대부분 중복되기에 가급적 다 보는 것이 좋다. 시중의 사례집의 경우에도 이를 거의 대부분 다루고 있기에 그냥 마음 편하게 사례집 전부를 본다고 생각하면 좋을 것이다. 다만 진도별 사례집을 보고 난 다음에 회차별 사례집으로 넘어온 경우에는 연도를 정해서 보는 것도 괜찮다.

기록형의 경우 상대적으로 시간도 부족하고, 모의고사가 변호사시험과 차이가 좀 나기에 아예 안보는 경우도 있다. 보더라도 논점 위주로 체크하면서 보던지 선별적으로 특이한 유형을 정리하는 정도로 활용하면 좋아 보인다.

_ 다시한번 모의고사에 대하여

모의고사는 그 퀄리티나 오류의 존재 등 분명히 변호사시험에 비해 다소 부족한 점이 있는 시험이다. 그럼에도 변호사시험을 치루는 수험생의 입장에서 자신의 위치(특히 선택형)를 알 수 있는 시험이고, 향후 변시에 대한 방향성을 알 수 있으면서도 언제든지 변호사시험에서도 등장할 수 있는 내용도 있는 만큼, 변호사시험에서 나올 수 있을 만한 내용을 위주로 활용하자.

난이도 면에서는 일반적으로 6모는 조금 쉽게, 8모는 보통, 10모는 조금 더 어렵게 내는 편인 것 같다. 모의고사에 대한 결과도 이 부분을 감안해서 충격을 덜 받으면서 본인의 위치를 잘 파악하자.

제4장 최신판례

_ 최신판례의 중요성

최신판례는 일반적으로 최근 3개년, 넓게 최근 5개년의 대법원 판례나 헌법재판소의 결정을 말한다. 보통 변호사시험을 기준으로 6개월 이내의 판례는 출제하지 않는다고 알고 있으나 실제로는 8월 판례까지 시험에 나온다고 한다. 최신판례는 그 해의 변호사시험에서 가장 큰 영향을 미친다. 특히 최신판례를 모르면 풀 수 없는 문제들이 나오고 사례형이나 기록형의 경우 통으로 문제가 날아갈 수도 있는 킬링문제로도 나올 수 있으므로, 반드시 시험장에 들어가기 전까지 숙지해야 한다.

_ 어떤 것을 보아야 하는가?

대부분의 학원 강사들은 최신판례집과 강의를 제공한다. 따라서 그냥 평상시 본인이 보고 있는 책의 강사나 유명한 사람의 것을 보면 된다. 다만 출제위원급의 학교 교수님이나 특강 오신 교수님 중 최신판례 강의를 하시는 경우는 눈여겨보아야 한다. 이분들은 최신판례 중에서도 변호사시험에 나올법하고 중요한 판례 위주를 다루시기에 더 가치가 높다고 할 수 있다. 특히 사례형이나 기록형으로 나올 수 있는 판례이기 때문에 그 자료 자체를 활용하던지 아니면

위 판례를 본인이 보는 강사책에 옮겨 별도로 정리하는 것도 하나의 방법일 수 있다. 뭐가 되었든 끝까지 가져갈 책이므로, 잘 정리해두는 것이 좋다.

일반적으로 3개년이냐 5개년이냐의 차이는 있다. 민사법의 경우 5개년을 추천한다. 판례가 워낙 많은 만큼, 기존의 입장을 확인하는 판례가 많다. 그럼에도 민사법은 그 자체로 범위가 워낙 많은 만큼 적어도 5개년은 공부해야 커버가 가능하다. 그 외에는 헌법 정도가 선택형을 위해서라도 5개년을 보면 좋을 것 같다. 물론 어디까지나 개인의 상황이나 듣는 강사에 따라 결정하면 된다.

_ **어떻게 활용되는가?**

선택형의 경우 그야말로 어디서 어떻게 어느 범위까지 나올지 모르는 부분이다. 그래도 최신판례의 대부분은 출제될 가능성이 있다. 특히 문제 특성상 사실상 같은 판례라도 그 최신판례의 표현에 따라서 안 보면 풀 수 없는 경우가 있다. 그래서 일반적으로 회독수를 높여 선택형에 나올법한 판례들은 눈에 바르는 것이 중요하다.

최신판례로 선택형을 내는 경우, 모르면 아예 답을 선택하기 어려운 경우가 있다. 그런데 문제 자체를 굳이 꼬지 않고 알면 바로 풀 수 있게 내는 경향이 있다.[15] 현실적으로 선택형의 시험시간은 매우 짧으므로, 최신판례를 가지고 낸 문제로 시간을 아낄 수 있는 부분이다.

---

15) 물론 복잡하게 내는 문제도 있으니 주의한다.

알면 알수록 답이 바로 보이기에 바로 풀고 지나갈 수 있기 때문이다. 따라서 선택형에만 나올 수 있는 판례들은 따로 정리해서 눈에만 발라 둔다는 느낌으로 처리하면 좋다.

사례형에서도 최신판례는 여전히 중요한 포지션을 갖고 있다. 사실상 반드시 나온다고 보아야 한다. 물론 사례형 자체가 오래된 법리에 대해서는 잘 나오지 않는 편이고 특히 민법의 경우 최근 10개년 정도에 나온 판례에서 주로 내는 경향이 있다. 그중에서도 최신판례 중에서 핵심적인 문제를 내기도 한다. 물론 중요한 법리는 다소 과거의 것이라도 중요하다. 다른 법들도 최신판례가 중요한 건 마찬가지이다. 최신판례에서 사례형으로 나올만한 것들의 논점 정리와 나오면 쓸 내용 등을 정리하면 된다.

기록형에서도 모른다면 건들 수 없는 문제가 나온다. 그런데 유형 특성상 잘못하면 날아가는 점수는 더 클 수도 있다. 사례형이야 기존 법리로 어찌어찌 건들어 볼 여지도 있지만, 기존에 존재하지 않던 판례의 경우 중에서도 전혀 다른 법리가 있는 내용이라면 답이 산으로 갈 수도 있기 때문이다. 특히 민사법 기록형의 경우 청구취지 단계부터 틀릴 가능성이 높아지므로, 수십점이 사라질 수 있다. 따라서 만약 최신판례가 청구취지에 반영될 수 있는 것이라면 해당 법리를 어떻게 청구취지로 쓸지 고민해 보아야 한다.

사실 기록형의 범위는 사례형 출제대상 판례와 크게 다르지 않은 것 같다. 마찬가지로 기록형에 나온다면 이 판례가 어떻게 나올 수 있는지 생각하고, 어떻게 써 줄지 같이 고민해주면 된다.

과목별 최신판례

1) 민법

민법은 골고루 중요하다. 전원합의체 판례나 새로운 법리를 설시한 판례가 있다면 당연히 중요하고, 다른 법리랑 엮어서 나올 수 있는 판례도 역시 중요하게 사례나 기록에 등장할 수 있다. 선택형의 경우, 방대한 분량만큼 여기저기서 나올 수 있다. 그만큼 볼게 더 많기도 하고, 정리하고 반복할 시간도 더 많이 든다. 선택형 전용 판례를 따로 표시해두는 것도 중요할 것이다. 사례형이나 기록형은 마찬가지로 최신판례집이 아니더라도 최근 10년 안에 나온 판례는 좀 더 눈여겨볼 필요는 있다.[16]

2) 민사소송법

민사소송법은 민법에 비해 상대적으로 최신판례가 적은 편이다. 소송법 자체가 크게 문제 될 내용은 많지 않다. 따라서 새로운 법리를 바탕으로 하는 문제가 많지는 않다. 그러나 일단 있다면 그 부분은 높은 확률로 문제에 등장할 가능성이 있으니 주의하자. 선택형의 경우 선택형용 최신판례는 따로 표시해둘 필요는 있다. 다만 새로운 개념이 아니라도 그냥 최신판례라서 문제로 내는 경우도 많으므로, 그 논점이 나올 수 있다는 정도로 이해하자. 다만 상계

---

16) 근데 사실 대부분이 그 범위 안에 들어가는 판례들일 것이다.

나 기판력, 독립당사자참가 등 내용 자체가 복잡한 것은 최신판례가 있다면 등장할 가능성이 높으므로(추가로 선택형으로 변호사시험에 등장한 적이 있다면) 반드시 눈여겨본다.

3) 상법

최신판례 자체가 많지 않다. 대부분 보험 쪽에서 등장하는 판례이고, 회사법 관련 판례도 종종 등장하는 편이다. 이들은 보통 기존의 법리를 확인하는 내용이 강하다. 그럼에도 간간이 중요한 판례가 있다. 특히 2017년의 2015다248342 전합판례는 회사법에 있어 중대한 획을 그은 판례로서 일종의 특이점이라고 볼 수 있을 정도인데, 앞으로도 여전히 계속 등장할 가능성이 높다. 상법총론 부분 판례는 언제든지 사례화가 가능한 내용들이므로 주의하자.

4) 형법

형법도 민법처럼 골고루 중요하다. 선택형에서 등장한다면 까다로울 수 있는 최근 전합판례가 많다. 이미 변호사시험에도 몇개가 출제된 만큼 혹시나 불의타로 그 판례들이 사례로 나온다면 적을 수 있을 정도로 알아두기는 해야 할 것이다. 선택형은 시간벌이용으로 알기 쉽게 나오는 편이다. 키워드 위주로 정리하면 좋다. 그런데 형법총론 에서도 양형이나 전후단 경합범, 집행유예 등의 부분은 평상시 잘 안보는 곳이라 사례형에서 나오면 불의타가 될 수 있다. 따라서 불의타 대비용으로 봐 둘 필요는 있다.[17]

---

17) 물론 여유가 있어야 볼 수 있다.

5) 형사소송법

형사소송법 역시 최근 법 자체가 개정되었고, 전합판례가 많이 나왔다. 법 특성상 새로울 만한 판례 자체는 많지 않으나 간혹 매우 중요한 판례가 섞여있다. 이들은 따로 기억해야 한다.18) 상소·재심 쪽의 최판은 마찬가지로 언제든지 불의타의 영역이면서 나올 가능성이 있으므로 주의하자.

6) 헌법

7법 중 최신판례가 가장 중요한 법 중 하나이다. 그런데 막상 정리하고자 하면 그 양이 너무 많아 헌법재판소가 야속해지기도 한다. 따라서 자신만의 전략을 정할 필요가 있다. 위헌판례는 당연히 잘 정리하고, 합헌판례도 대부분은 결과 위주로라도 정리하고 간혹 있는 중요한 판례는 따로 정리한다.

만약 적법성요건도 문제되고 기본권도 흔한 기본권이 아닌 기본권을 다루는 등 이것저것 많이 얽힌 결정문이라면 좀 더 중요하다. 이런 경우에는 합헌 결정문도 중요할 수 있다. 또한 각 재판관마다 의견이 확연히 갈리고 학설도 대립되는 부분도 마찬가지이다. 위에서 말한 것처럼 여유가 된다면 헌법의 경우 5개년으로 범위를 넓혀 볼 필요가 있다.

---

18) 사실 변시단계에 가면 대부분 인지하고 있을 것이다. 특히 증거 쪽은 말할 것도 없다.

7) 행정법

일반적으로 중요한 것 위주로 정리하면 된다. 마찬가지로 최신판례에서 사례형이나 선택형, 기록형이 나올 수 있다. 다른 법보다는 상대적으로 최신판례가 덜 중요할 수 있어 보인다.[19] 그래도 정리는 잘 해둬야 한다. 최근 판례 중에서는 행정법적으로 의미있는 판례들이 제법 나온 편이다.

_ 언제 정리해야 할까

3학년 여름방학때 보통 책이나 자료의 정리를 끝내는 게 좋다. 2학기부터는 거의 선택형과 최신판례만 돌리는 시기이므로, 8월 모의고사를 전후로 남는 시간을 활용하여 7법 최판정리를 마쳐야 한다. 2학기 시작하면 바로 반복할 수 있도록 마무리작업까지 끝내두자.

---

[19] 상대적으로 그렇다는 것이지 중요한 건 마찬가지이다.

제5장 학교시험

 법학전문대학원에 들어가는 가장 큰 이유는 변호사시험에 합격하기 위한 것이다. 그러나 학교는 학교인 만큼 중간고사와 기말고사 등 학교 시험들도 곳곳에 도사리고 있다.

 결론부터 말하면 학교시험도 중요하다. 학점과 실력이 비례하는지는 솔직히 학교마다 차이가 있고, 수업마다도 차이가 있다고 본다. 또한 학점의 중요성도 학교마다 다르다고 본다. 그런데 학점도 챙기기 위해서는 따로 학교시험에 투자해야 하는 시간이 있다. 그렇기에, 내가 처한 상황에 따라서 내가 어떻게 해야 할지 잘 판단해야 할 것 같다. 다만 기본적으로 학교 공부는 열심히 하는게 맞다.

 너무 내용이 빈약한게 아닌가 생각이 들겠지만, 정말 학교마다 차이가 큰 부분이고, 다소 민감할 수도 있는 내용이기 때문에 너무 자세히 말하기는 어려운 것 같다. 실제로 법학전문대학원에 입학해서 학교를 다니다 보면 몸으로 알게 될 것이다.

 사실 학교 시험이 중요한 진정한 이유는, 학교 시험이 해당 수업에 대한 내용을 정리하는 의미를 갖고 있는 것이다. 학교 수업에서 다루는 내용은 특히 1, 2학년의 경우 변호사시험을 준비하는 과정에서 3학년이 되기 전까지는 다시 각 잡고 공부하기 어려울 수 있기에 당해 시험을 통해 관련 내용을 웬만큼 이해하고 숙지하는데 있다.

 따라서 정말 이상한 수업이나 시험이 아니면 해당 수업을 통해 내용을 정리한다는 의미에서도 학교시험을 어느 정도 신경을 써서 준비하는것이 어떨까 한다. 물론 변호사시험에 전혀 적합하지 않은 수업이나 시험도 있을 것이다. 그런 수업은 적절히 회피하자.

 네이버 웹툰 '대학일기'에서 이런 말이 있었다. "살면서 중간기말을 50번도 더 쳤는데 시험이라는건 도무지 적응이 되질 않는다" 이렇게 한결같이 하기 싫을 수가 있는지 말이다.

제6장 재판실무

_ 재판실무에 대해서

예전 사법시험 시절에서는 사법시험 합격 후 사법연수원에서 2년간 교육과정을 거친 후 변호사가 될 수 있었다. 그러나 현행 법학전문대학원 시스템 아래에서는 사법연수원의 과정이 없다. 대신에 기존 사법연수원에서 다루던 민사재판실무, 형사재판실무, 검찰실무 등이 법학전문대학원의 학제 안으로 들어오게 되었다. 여기서는 재판연구원이나 검찰을 준비하는 사람이 아닌, 변호사시험만을 준비하는 사람들을 대상으로 재판실무 수업에 대해 간단하게 설명을 하고 싶다.

우선 재판실무는 형사재판실무와 민사재판실무로 구분되어 있다. 형사재판실무는 2학년 2학기에, 민사재판실무는 3학년 1학기에 진행이 된다. 이 재판실무는 일단 사법연수원에 소속된 현직 판사님들이 각 학교들을 맡아 수업을 진행하신다. 예전 사법연수원 시절에도 현직 판사님들이 사법연수원 교수로 각 학교에 파견되어 수업을 진행한 것처럼 현행 재판실무도 비슷한 시스템이라고 볼 수 있는 것이다. 그런 의미에서 사법연수원을 간접적으로 경험할 수 있는 수업이 재판실무이다.

_ 재판실무를 들어야 하는 것일까?

우선 재판실무의 기록은 변호사시험 기록형의 기록보다 난이도가 높다. 재판연구원 본시험의 난이도가 더 높은 것처럼 재판실무 자체의 기록난이도 역시 만만치 않다. 그러한 기록을 공부하는 것 자체가 변호사시험 기록형에도 도움이 된다는 것이다. 물론 재판실무 수업에서 사례형도 다룬다. 그러나 이 사례형은 변호사시험으로 따지면 배점이 낮은 결론-이유 중심의 사례형 같은 느낌이라 사례형 자체에 대한 도움은 제한적일 수 있을 것이다. 오히려 검토보고서를 통해 사례형에 대한 공부가 되는 편이다.

또한 형사재판실무건 민사재판실무건 일단 민사법과 형사법에 대한 수업이기 때문에 수업 내용 자체만으로도 형사법과 민사법에 대한 공부 자체도 많이 되는 편이지만, 재판실무의 꽃은 기록을 가지고 검토보고서를 작성하는 것이다. 이 검토보고서를 내가 직접 써보는 것도 중요하지만 교수님들이 제공하는 '모범 검토보고서' 이게 정말 중요하다.

앞서 사례형에 대한 설명에서 한 것처럼, 사례형의 기본틀은 결국 법원의 판결문과 유사하다. 그런데 검토보고서는 판결문과 거의 그대로 연결이 된다. 무슨 말이냐면, 경력판사제도가 시행된 이후 변호사 자격을 취득한 후 바로 판사가 될 수 없기에, 재판실무 수업에선 판결문이 아닌 검토보고서를 작성하게 되었는데, 이게 사실상 판결문 작성과 크게 다를 바 없는 것이다. 즉 재판실무를 통해서 간접적으로 판결문 작성을 연습하는 것이다. 그러다 보니 이 모범 검토보고서는 실제 판사님들이 작성하는 판결문과 거의 유사하다.[20] 그래서 모범 검토보고서를 보면 굉장히 논리적이고 치밀하게 작성이 되어있다. 그래서 일단 모범 검토보고서를 열심히 분석하고 연구하는 것 자체가 굉장히 공부가 많이 된다. 왜 이 내용은 이렇게 적어주어야 하고, 어떤 근거를 바탕으로 어떤 사실관계를 증명할 수 있는지, 그리고 해당 법리를 어떻게 논리적으로 기재해주는지 등 내가 연구하고 분석해보면 정말 도움이 많이 된다.

물론 분석하고 연구하는 것도 중요하지만 이걸 실제로 써 보는 것도 중요하다고 본다. 재판연구원 시험을 준비하지 않더라도 "나도 모범 검토보고서처럼 검토보고서를 작성할 수는 없을까?"라는 생각으로 실제로 써 보면서 연습하고 노력하다 보면 변호사시험 사례형[21]이나 기록형에서도 많은 도움이 된다. 눈으로만 모범 검토보고서를 보는 것보다는 아무래도 직접 써 보는 것[22]이 더 도움이 될 것이다.

부수적일 수 있지만, 재판실무 교재 역시 중요하다. 기존 사법연수원 수업에서 사용되던 책은 2018년 이후 개정이 되지 않고 있지만, 사실상 재판실무 교재로서 그 명맥을 이어나가고 있다. 재판실무 교재가 바로 사법연수원 책인 것이다. 여전히 한자도 많이 적혀있기는 하지만 내용 자체도 도움이 되는 편이다. 사실 이 책들은 변

---

[20] 교수님들도 판사님이시니 당연하다면 당연한 것이다.
[21] 이게 위에서 말한 사례형에 도움이 된다는 말이다.
[22] 물론 무조건 많이 쓰는 것도 능사는 아니다. 앞서 설명한 기록형 공부방법을 참고하자.

호사시험을 준비할 때보다는 변호사가 된 다음에 도움이 많이 된다.

　교수님들 역시 큰 도움을 주시는 분들이다. 수업 자체도 훌륭하시지만, 평상시 공부하면서 이해가 잘 안되었던 부분들에 대해서도 질문을 할 수 있고, 실제 실무에서는 어떤 관점으로 이 부분을 바라보고 있는지에 대해서도 도움이 많이 된다. 무엇보다도 사법연수원 교수님들도 변호사시험 출제위원이시다. 즉 재판실무 과정은 변호사시험 출제자와 직접적으로 대면하고 질문도 할 수 있는 기회이기도 한 것이다.

　물론 재판실무가 장점만 있는 것은 아니다. 일단 수업분량 자체도 부담이 될 수 있는 수준이고, 난이도도 변호사시험보다 높은 편이며 과제 등 별도로 투자해야 하는 시간도 많이 들어간다. 조금이라도 열심히 재판실무를 준비하다 보면 생각보다 시간과 노력이 많이 투자된다는 것을 느낄 수 있다. 어떻게 보면 변호사시험보다 오버해서 하고 있는 것은 아닌지 라는 생각도 들 수 있다. 그렇기에 현재 변호사시험 자체를 준비하는 것도 간당간당한 사람들은 선뜻 재판실무를 듣기 어려울 수도 있다.

　그러나 여유가 조금 있는 사람들은 재판실무를 들었으면 좋겠다. 재판실무는 수험법학과 실무를 동시에 충족시킬 수 있는 수업이라고 생각한다. 그리고 이왕에 하는거 좀 열심히 재판실무를 준비했으면 한다. 검토보고서도 열심히 연구하고 써 보고 해보면 변호사시험 자체에도 큰 도움이 될 것이다. 가능하면 재판실무를 듣자.

_ 나의 재판실무

저자 역시 형사재판실무와 민사재판실무를 모두 수강했다. 아쉽게도 민사재판실무때에는 코로나19의 영향으로 인해 녹화강의로 수업을 들을 수밖에 없었지만, 그럼에도 정말 많은 도움이 되었다. 사실 위에서 말은 장황하게 했지만 정작 저자는 시간이 부족한 편이었고 재판연구원에 관심도 적었기에 재판실무를 열심히 하지는 않았다. 그리고 재판실무수업을 들을 때 당시에는 남들이 하니까 따라간 것도 분명히 있었다. 그러나 재판실무수업이 끝나갈 무렵 오히려 재판실무가 정말 중요했다는 것을 깨닫고, 뒤늦게 모범 검토보고서를 가지고 열심히 공부했다. 물론 절대적으로 시간이 부족했던 시기이기에 재판실무시험 자체는 좋은 성적을 받지는 못했지만 적어도 변호사시험에는 많이 도움이 되었다. 형사재판실무를 담당하셨던 박광서 교수님, 민사재판실무를 담당하셨던 권현영 교수님께 다시 한번 감사함을 드리고 싶다.

최근 업무를 하면서도 재판실무의 도움을 많이 받고 있다. 군검사로 형사 관련 업무를 처리하는 것에도 도움이 되었고, 특히 최근 국가 소송수행자로서 답변서, 준비서면을 작성할 때에도 많이 도움이 되었다. 답변서나 준비서면 작성할 때 모범 검토보고서처럼 써보려고 노력하고, 참고도 많이 하다 보면 서면의 퀄리티도 좀 더 높아질 수 있지 않을까 한다.

사무실에 있는 나의 책장에는 재판실무 교재가 여전히 꽂혀있다.

제7장 스터디

_ 스터디는 해야하는 것일까?

 참 어렵다. 스터디를 해야 하는가 안 해야는가에 대해서. 이건 영화관 좌석의 팔걸이가 오른쪽 사람 것인가 왼쪽사람 것인가 급으로 어려운 문제다. 누구는 해서 성공했다고 하고 누구는 안 해서 성공했다고, 다 말이 다르다.

 이런 말이 나오는 이유는 근본적으로 사람의 성향 차이라고 생각한다. 스터디가 성향이 맞는 사람이 있고 안 맞는 사람이 있는 것이다. 안 맞는 사람은 어떤 사람과 어떤 스터디를 하던 안 맞는다. 그냥 마이웨이로 혼자하는 것이 가장 좋다. 그런데 그런 경우가 아니라면 일단 스터디를 하는 것이 좋다고 생각한다. 나 혼자 3년의 공부를 하다 보면 지치기도 하고, 스스로 타협하는 부분도 있으며 정보도 부족할 수 있다. 일단 자신과의 약속도 지키기 어렵기에, 공부에서 최소한의 강제성을 부여한다는 측면에서 필요하다고 본다.

 그런데 스터디에서 문제가 발생하는 이유가 무엇일까? 이는 앞서 말한 성향 차이가 크다고 본다. 공부를 하기 위한 스터디(학업 스터디)가 있을 때, 사람마다 스터디를 하는 목적이나 방향이 조금씩 다를 수 있다. 그런데 이런 다른 방향에 대해서 타협이 아닌, 무조건 자신의 방향을 고집하는 사람들이 있다. 이런 사람들이 스터디의 물을 흐리게 된다. 그냥 깔끔히 나가면 되는데 굳이 '이 스터디를 내가 이끌어가겠다'는 생각으로 끝까지 고집하는 사람들이 있다.

또는 스터디원 간 실력차이가 많이 나면 문제가 발생할 수 있다. 실력 좋은 사람이 다른사람을 이끌어가기 위해서 하는 스터디가 아니라 단순히 스터디가 필요해서 한 것인데 실력차가 나 버린다면 방향성에 문제가 발생할 수밖에 없고, 일종의 자격지심이 발생할 수도 있다. 그러면 그 스터디는 오래가기 어렵다.

한편 빌런이 존재하면 그 스터디는 오래 못간다. 단순히 고집이 아니라 주변 사람들을 불편하게 하는 빌런 말이다. 스터디원끼리 편을 가른다던지, 뒷담을 한다던지, 은근히 누구를 무시한다던지 그런 사람들이 있다. 그냥 있어도 힘든 사람이 스터디 안에 들어있으니 당연히 그 스터디는 오래가지 못한다.

이런 경우도 있다. 처음에 커플로 들어와서 중간에 깨진다던지, 아니면 중간에 커플이 생겨서 이상한 분위기를 주는 경우도 있다. 그 커플이 또 깨지면 역시 스터디도 접어야 한다.

이런 것처럼, 의외로 스터디를 할 때 사람 간 문제가 많이 발생하게 된다. 그럼에도, 스터디가 선순환적으로 잘 돌아가기만 한다면 정말 큰 도움이 된다고 생각한다.

_ 스터디의 종류에 대해 알아보자

　개인적으로 스터디는 크게 '학업 스터디'와 '강제 스터디'로 구분한다. 어느 정도 역할이 겹치는 부분도 있지만, 목적이나 부담이 다를 수 있기에 구분해서 생각하는 것이 좋아 보인다.

　먼저 학업 스터디다. 우리가 흔히 생각하는 바로 그 스터디다. 모여서 공부를 하기 위해서 하는 스터디다. 이런 스터디는 당연히 출석을 강제하기 때문에, 강제 스터디의 개념을 포함하고 있다. 아침 9시에 한다던지 저녁 10시에 한다던지 등 시간에 대한 강제성을 동반할 가능성이 높다. 물론 낮 시간대나 공강시간에 한다면 출석이 어렵지 않기 때문에 강제 스터디의 개념은 다소 약해진다.

　이런 학업 스터디는 어떤 공부를 하냐에 따라서 조금씩 세분할 수 있다. 보통 스터디를 하고 하는 공부를 조금씩 바꾸거나 요일마다 다르게 스터디를 진행할 수도 있겠지만, 가장 흔한 것이 사례스터디일 것이다. 서로 범위를 정해서 그 부분을 써보는 시간을 갖는다던지, 그냥 모이기만 할 뿐 푸는 범위는 각자 다르게 한다던지, 방법은 많다. 그 외에 기록형 스터디나 선택형 스터디도 있을 것이다. 이런 걸 하는 이유는 쓰거나 풀 때 시간이 걸리고 굉장히 귀찮다. 그렇기에 나름 강제성을 부여해서 '이 시간만큼은 쓰자!'는 목적으로 하는 것이다.

　이런 전통적인 스터디 외에 '조문 스터디'도 있다. 조문은 정말 중요하다. 그런데 생각보다 잘 안 외워지기도 하고, 안 와닿는 부분도 있다. 특히 상법이 그런 경향이 가장 크다. 그렇기에 따로 조문을 공부하는 스터디라고 보면 될 것이다. 또 학생들끼리 자료정리를 하기 위해서 하는 스터디도 있다. 이처럼 목적에 따라서 스터디는 정말 다양하게 분류되고 활용될 수 있다.

강제 스터디는 무엇일까? 대표적으로 출석 스터디가 있다. 사람의 의지는 약하다. 정말 약하다. 아침에 일찍 일어나도 더 자고 싶고, 조금이라도 핑계거리를 만들어서 일찍 집에 들어가고 싶어진다. 그러한 의지에 강제를 부여하는 스터디인 것이다.

가령 아침 9시에 어떤 장소에서 모여서 학교23)에 가는 스터디가 있을 수 있다. 아니면 저녁 10시에 학교 일정 장소에서 잠깐 모이는 스터디가 있을 수 있다. 그렇게 시간을 강제해서 최소한의 시간을 학교에서 있게 하려는 것이다. 이런 스터디는 보통 벌금이 따라온다. 5분까지는 1분당 얼마, 5분 넘으면 1분당 또 얼마 그런식으로 벌금을 매기는 경우도 있으며, 보증금을 미리 걷은 경우도 있을 것이다. 이렇게 쌓인 벌금은 보통 스터디회식으로 들어가게 된다.24) 그런 경우에 스터디회식때 자신의 지분이 크다는 것을 자랑?하는 스터디원도 보게 될 수 있다.

이 외에 밥터디, 술터디? 등의 변종들도 있다. 말 그대로 밥터디는 순수하게 정해진 날마다 밥을 먹기 위해 만나는 스터디일 수도

---

23) 또는 공부장소
24) 물론 그냥 보증금에서 까고 남은돈을 환급해 줄 수도 있다.

있고, 강제 스터디처럼 일정 시간에 만나서 밥 먹고 공부하러 가는 것일 수도 있다. 간혹 밥 먹고 카페에 갔다가 너무 오래앉아 있는 경우도 종종 있게 된다. 술터디는 말 그대로 술을 먹기 위한 스터디?(이걸 스터디로 불러야 할지 의문이다)이다. 정상적인 스터디를 진행하다가 자주 모여 술을 먹으러 가는 경우도 있고, 아니면 말 그대로 주기적으로 술을 먹기 위해 만드는 경우도 있겠다.

스터디의 종류와 활용방법은 무궁무진하다. 다만 무슨 스터디든, 자신에게 맞기만 한다면 하는 것이 어떨까 한다. 물론 지나친 음주는 건강에 해롭다.

_ 스터디를 하면 좋은 점

정말 잘 돌아가는 스터디를 하면 큰 도움이 된다. 그러기 쉽지 않아서 문제인 것이다. 그럼 스터디를 하면 어떤 점이 좋을까?

닭이 먼저냐, 계란이 먼저냐의 문제일 수는 있는데, 일단 스터디를 하다 보면 좋은 사람을 만날 수 있다. 원래는 맞는 사람끼리 스터디를 하는게 맞다. 그러나 모든 사람을 그렇게 하기 어려울 수도 있다. 그렇게 스터디를 '일단' 하게 되면, 좋은 사람들을 만날 수도 있다. 그 좋은 사람들은 변호사시험에 좋은 영향을 미칠 뿐 아니라 학교 다니는 동안 생활적인 측면에서 서로 많은 도움을 줄 수도 있다. 또한 변호사시험이 끝난 후에도 계속적으로 도움을 줄 수 있다.

공부에 도움이 되는 것도 무시하지 못한다. 일단 공부하러 모였으니, 최소한의 공부시간은 확보되게 되는 것이다. 또한 서로 쓴 부분을 돌려보면서 피드백도 해줄 수 있다. 만약 학업적으로 앞서가는 사람이 주도적으로 하는 스터디라면 이러저러한 지도를 받을 수도 있다.

한편 사례형이나 기록형을 직접 써 보는 것은 정말 지겹고 귀찮은 일이다. 특히 민사법 기록형의 경우, 3시간을 온전히 투자해야 하는 것이기에 혼자 하기 정말 어렵다. 저자는 기록형을 5시간 동안 써본 적도 있다. 메모하고 쉬러가고, 청구취지 쓰고 쉬러가고 그러다보니 그렇게 됐다. 정말 혼자 쓰는 것은 웬만한 의지가 없으면 어렵다. 이러한 의지박약을 위해서라도 스터디가 갖는 장점이 많다.

굳이 이런 '학업 스터디'가 아니라도 '강제 스터디'를 통해서 어느정도 도움을 받을 수도 있다. 앞서 말한 것처럼, 아침에 나오기는 수업이 있지 않는 이상 『순공 8시간』을 채우기 쉽지 않다. 밤 늦게까지 하는 것이 아니라면, 아침에 나와야 한다. 그렇지만 역시 우리들은 의지가 부족할 수 있기에, 이런 강제스터디도 도움이 많이 된다고 본다.

변호사시험 합격하는 것을 보면 스터디별로 합격자가 많은 곳과 적은 곳이 구분되는 것이 보인다. 잘 돌아가는 스터디는 합격자가 많이 나오는 반면 잘 운영되지 않은 곳은 대부분이 떨어진다. 항상 내가 하는 스터디가 '잘 돌아가는지' 생각해 볼 일이다.

_ **스터디 할 때 중요한 점**

앞서 본 대로, 스터디는 잘만 굴러가면 좋다. 그러나 잘 굴러가기가 쉽지 않다. 여러 가지 잘 알아보고 스터디를 하는 경우에도 결국 파토나는 경우도 있다. 그럼에도 먼저 스터디를 하게 된다면 어떤 것을 생각해 봐야 할까?

가장 중요한 것은 사람이다. 상황에 따라서 모든 스터디원을 잘 아는 사람으로만 구성하기는 어렵다. 특히 저학년일때는 더 그렇다. 그러나 적어도 빌런은 피해야 한다. 중요한 것은 '네이마르'형 빌런 유망주는 피하기 어렵다는 것이다. 그런 경우는 어쩔 수 없다. 어쨌든, 가급적 잘 알고 성향도 비슷한 사람끼리 하는 것이 성공할 가능성이 높아 보인다.

그 다음으로는 목적이 같은 사람끼리 모여야 한다. 목적이 달라지면 그 스터디는 산으로 가던지 파국에 이르게 된다. 정확하게 어떤 것을 목적으로 하는지 먼저 알아보고 스터디를 구성해야 한다.

그리고 스터디원 간 실력도 중요하다. 실력이 차이가 많이 나게 되면, 서로 안 좋은 영향을 미칠 수도 있게 된다. 잘하는 쪽이 공부를 안 하게 될 수도 있다. 또한 서로 스트레스가 심해질 수도 있다. 그런 과정에서 감정싸움으로 흐를 가능성도 있다. 물론 '이끌어가는 타입'의 스터디도 있을 수 있다. 그런데 이런 경우는 일단 다른 사람들이 리더의 실력을 인정하고 따라가는 형식이기 때문에 크게 이견이 발생할 가능성은 적다. '한 수 배우기 위해서'하는 것인 만큼 리더의 희생이 좀 따를 수도 있지만, '나눔'을 위해서 하는 것도 있는 만큼, 보통은 분위기가 좋다.

  마지막으로, 목표를 정확히 하는 것도 중요하다고 본다. 목표를 정해서 목표를 달성하면 바로 스터디를 그만하던지, 새로운 목표를 위해 새로 시작하는 경우도 있다. 이런 경우에 기간을 정해서 할 수도 있다. 3년 내내 스터디를 할 수는 없으니 이런 것도 좋다고 본다. 목적과는 조금 다른 느낌인데, 목적은 단순히 '사례형을 하겠다'는 등일 수 있고 목표는 '사례형을 어느 수준으로 올리겠다 또는 어디까지 하겠다'는 식으로 좀 더 구체적일 수 있다. 목표를 정확히 하지 않으면 스터디가 질질 끌릴 수도 있게 된다.

  이처럼 좋은 스터디를 위해서 고려할 점을 몇 가지 생각해 보았다. 물론 이거 말고도 고민할 부분은 더 많을 수 있다. 그러나 그건 학교마다 인적 자원이 다르고 성향이 다른 만큼 자신에게 처한 상황에 따라 각자 고민해보자.

제8장 건강

_ 운동은 해야 할까?

　결론부터 말하면 해야 한다. 다만 안 하다가 갑자기 3학년때부터 하는건 좀 그렇고, 이왕에 할거면 처음부터 해주는 것이 좋다. 다만 몸이 도저히 안 따라주겠으면 3학년이라도 시작을 해야하긴 한다.

　일단 공부가 공부다 보니 체력적으로 굉장히 힘들다. 그래서 체력을 키우는 것이 가장 중요하다. 물론 잘 쉬고 잘 먹고 잘 자야겠지만, 운동을 통해서 체력을 키우는 것이 가장 좋은 것 같다. 3학년쯤 되면 잘 먹고 잘 쉬어도 힘들다. 가장 좋은 것은 로스쿨 입학 전부터 체력을 만들어 가는 것이 좋다. 그게 아니라도 저학년 때부터 운동을 챙겨가며 하는 것이 좋을 것이다.

　학교 선배 중에서 '요가'를 하시는 분들도 있었다. 책상에 오래 앉아 있다 보니 몸이 굳는 것이 느껴져서 그런 것이 아닌가 한다. 그만큼 하루에 몇 시간씩 앉아 있다 보면 그럴 수밖에 없는 것 같다.

　한편 저자는 나름 공부체력이 좋은 편이라고 생각했다. 그래서 학교 동아리에서 잠깐잠깐 하는 것을 제외하고는 따로 운동을 챙겨서 하지는 않았다. 그래도 2학년까지는 딱히 공부를 할 때 피곤하다는 생각은 들지 않았다. 그런데 3학년에 들어서니 말이 달랐다. 한 6모 보기 전쯤이었는데, 어느 순간부터 기운이 없었다. 나름 몸에 좋다는 것들은 다 챙겨 먹고 있었음에도 그랬다. 그 이후로는 몸이 계속 깎아지는 느낌이었는데, 10모 보고 나서는 거의 무슨 좀비처럼 걸어다닐 정도였다. 3학년 여름부터는 식사시간에 한시간 반 정도를 충분히 쉬지 않으면 학교에서 앉아있을 때 너무 힘들었다.

그래서 그런지 변호사시험을 준비하는 후배들에게는 정말 운동을 미리미리 하라고 말해주고 싶다. 정말 고생 많이 했다. 너무 공부에 방해되는 수준이 아니라면 필수라고 생각한다.

_ 여기저기가 아파요

정말 빈말이 아니다. 3학년쯤 되면 안 아픈 곳이 없다. 온 몸이 아프다. 속도 아프고 몸도 아프고 머리도 아프고 정신도 힘들어진다.

일단 앉아 있는 자세 자체가 그다지 몸에 좋지는 않다. 오래 앉아있다보면 허리아픈 것은 기본이고, 목도 아프게 된다. 특히 목이 아프다. 저자의 경우, 몸은 오른쪽을 향하면서 시선은 약간 왼쪽을 향하는 자세로 공부를 했기 때문에 항상 목이 반쯤 돌아가 있는 상태였다. 그러다 보니 목이 아파서 잠을 잘 못잘 정도였다. 그래서 목에 좋다는 베개란 베개는 다 써본 것 같다. 나름 허리를 세우고 앉아 있는다고 한 것인데 목이 더 아프게 되었다. 그런데 사실 허리도 좀 안 좋았다. 자세를 항상 조심해야 한다.

항상 속이 쓰리기도 했다. 속이 쓰린 원인으로는 스트레스가 가장 큰 원인인 것 같다. 정말 변호사시험에 대한 스트레스는 정말 심하다. 매일 먹는 커피도 영향이 크다. 하루에 적게는 한잔에서 많으면 세잔까지25) 계속 먹어대는 바람에 위가 남아날 수 없었을 것이다. 그래도 커피를 안 먹으면 하루를 버틸 수가 없으니 어쩔 수 없긴 했다. 또 술도 먹게 되니 더 그렇다. 스트레스가 심하다 보니 위 뿐 아니라 장도 안 좋게 된다.

글씨를 많이 쓰다 보니 손목도 안 좋게 된다. 특히 모의고사를 볼 때에는 정말 심하다. 손목뿐 아니라 펜을 잡는 손가락 쪽도 안 좋게 된다. 또 장기간 집중을 하다 보면 머리도 아프다.

사실 그중에서도 가장 큰 것은, 밖에 있는 변호사시험을 준비하지 않는 친구들이 부러운 것이었다. 물론 저마다 힘든 점들도 있겠지만, 사실상 학교에 갇혀서 공부만 하고 있다 보니 다른 사람들이 너무 좋아 보이고 부러웠다. 나도 만약 법학전문대학원에 오지 않았다면 어땠을까? 하는 생각을 정말 많이 했다. 남들은 돈을 벌면서 하고 싶은 것을 다 하고 사는 것처럼만 느껴졌다. 그에 비해 '나는 여기 박혀서 뭘 하는 거지?'라는 생각이 하루에 수십번씩은 들었다. 특히 3학년 때에는 공부도 공부였지만 코로나시국으로 인해 아예 돌아다니지를 못하다 보니 더욱 힘들었던 것 같다.

이처럼 학교를 다닐 때에는 안 아픈 곳이 없을 정도로 여기저기

---

25) 다만 변호사시험 당일에 커피를 먹지 않기 위해서 점차 줄여나갔다.

가 아프다. 정말 걸어다니는 종합병원이다. 나만 그런 것이 아니고 다들 그랬다. 다들 아프기도 하고, 스트레스도 심하고, 예민해지기도 한다. 요즘 드는 생각이, '개똥밭에 굴러도 이승이 좋다'고, 다시는 그때로 돌아가고 싶지 않다.

_스트레스

스트레스는 만병의 근원이라고 한다. 지금까지 수많은 시험을 경험하였지만 변호사시험 만큼 심적으로 부담이 컸던 시험은 없었던 것 같다. 우리는 이처럼 엄청난 스트레스의 압박 속에서 스트레스를 조절하는 것이 가장 중요하다.

저자는 스트레스를 해소하는 방법으로 유튜브를 활용하였다. 그냥 아무 생각없이 밥 먹을때나 밤에 집에 돌아왔을 때 유튜브를 봤다. 적어도 그때만큼은 아무런 생각이 없이 보았고, 그러면 오후나 저녁때 공부할 때 스트레스가 좀 덜했었다. 가끔씩은 다른데로 떠나기도 하였다. 멀리는 아니고, 학교 옆 동네에 있는 남포동에 가끔씩 가보기도 하였다. 잠깐이지만 학교 뒷산에 있는 감천문화마을에 가본 적도 있다. 가끔씩 아는 사람들과 하는 운동도 괜찮았다. 2학년 때까지는 PC방도 자주 갔다.[26]

누군가 말했다. 변호사시험을 앞둔 시점에서는 옆 사람이 숨만 쉬어도 짜증이 난다고. 정말 그렇다. 그만큼 사람 사이에서 조심해

---

[26] 리그오브레전드를 했는데 지면 스트레스만 더 받는다...

야 하지 않을까 한다. 내 스트레스를 다른 수험생에게 전가하는 것은 있을 수 없는 일이다. 그 사람도 나와 같은 수험생활을 하는 입장이니 말이다. 변호사시험까지 버틸 수 있고 다른 수험생에게 피해를 주지 않기 위해서는 자신만의 스트레스 관리방법을 만들어 두는 것이 중요하지 않을까 한다.

슬럼프

슬럼프는 누구에게나 찾아온다. 마치 바다의 파도와 같다. 별거 아닌 것처럼 잔잔하게 오는 슬럼프도 있는가 반면, 해일처럼 크게 오는 슬럼프도 있다. 3년 동안 슬럼프는 적어도 한번은 온다. 슬럼프가 오더라도 대부분 그 계기는 다르다. 반대로 말하면 슬럼프에는 계기가 있는 것이다. 그런 슬럼프를 이겨내는 것이 중요하겠다.

우리는 모두 공부로는 다들 자신이 있는 사람들이다. 살면서 여러번의 슬럼프를 이미 경험해봤다. 따라서 다들 잘 알고 있으리라 생각한다. 그러나 먼저 변호사시험을 경험해 본 사람으로서 간단히 몇 가지 경험을 소개해 주고 싶다.

위에서 말한 것처럼, 슬럼프의 계기를 해결하는 것이 가장 중요하다고 본다. 단순히 외부적인 요인일 수도 있고, 내면에 잠재되어 있던 문제가 터졌을 수도 있다. 외부적인 것이라면 그걸 피하면 생각보다 쉽게 해결될 수 있다. 다만 내면적인 슬럼프는 좀 힘들다. 원인은 정말 다양할 수 있다. 저자는 개인적으로 이럴 때 '기분전환'이 좋은 방법이지 않을까 한다. 정말 큰 슬럼프가 왔을때에는 부산 남구에 있는 송도해수욕장이나 해운대구에 있는 해운대해수욕장에 갔다. 가서 아무 생각 없이 바닷가만 보고 있으면 뭔가 슬럼프가 바다에 쓸려 간 것만 같은 느낌이 들었다. 해운대 앞바다가 남해인지 동해인지 생각해보면서 시간을 보냈다. 수많은 사람 속에 있다 보면 수험생활 중인지도 잘 모르게 느껴진다. 그러다 보면 어느 순간 슬럼프가 사라져 있었다.

물론 노력으로 해결해야 하는 슬럼프도 있었다. 2학년 초에 정말 크게 슬럼프가 왔었다. 2학년인데도 사례형을 전혀 쓰지 못했다. 정말 큰일 났다는 생각에 오히려 공부가 손에 잡히지 않았다. 이때에는 오히려 공부양을 늘렸다. 스터디도 새로 들고 학교에서 해주는 첨삭수업을 정말 열심히 했다. 그러다 보니 1학기 중간고사 쯤에 뭔가 감을 잡기 시작했고, 점차 슬럼프를 벗어날 수 있었다.

이처럼 사람마다 슬럼프의 원인도 다르고, 정도도 다를 것이다. 그러나 가장 중요한 것은 슬럼프를 슬기롭게 보내야 한다는 것이다. 슬럼프는 극복해야 하는 것이 아니라 계산하는 것이다. 슬럼프는 당연히 오는 것이고, 그 원인이 어디에 있는지 생각하고 그에 따라 맞는 대처를 하면 자연스럽게 흘러 지나갈 것이다. 그렇게 흔들리기에 수험생인 것이다. 저마다의 방법으로 슬럼프를 이겨내자.

_ 휴식

앞에서 말한 것처럼 변호사시험이 다가올수록 온몸이 아프기 시작하고, 아무리 쉬어도 피로가 풀리지 않는다. 어쩔 수 없는 것 같다. 우리의 몸은 예전 수능을 보던 때가 아니고, 시험의 압박감도 더욱더 심하다. 그만큼 적절한 휴식이 중요하다. 공부시간을 확보하는 것만큼이나 중요하다. 잘 쉬어야 공부도 제대로 할 수 있기 때문이다. 특히나 모의고사나 학교 시험이 끝나고 난 다음에는 잘 쉬어줘야 한다.

그러다보니 저자는 자주 쉬었다. 점심이나 저녁 시간에 한시간 반 이상을 쉬었다. 안 그러면 그 이후의 공부시간에 너무 피곤해서 통으로 날아가는 경우가 많았기 때문이다. 학교에 나오는 시간도 아침에 나오는 것이 원칙이었지만 몸이 힘들다 싶으면 점심을 먹고 나왔다. 그때그때 조절이 필요하기도 하다.

단지 한 두시간 공부를 덜 하는 것보다 충분한 휴식을 취하지 못함으로써 그날 하루 또는 며칠간 공부를 통으로 날리면 손해가 더 크다. 하루를 버닝해서 평상시보다 공부를 더 하게 되면 다음날에 당연히 영향이 간다. 전날 공부를 더 한 것보다 더 쉬어야 할 수 있다. 몸이나 정신이 너무 힘들면 다 잊고 충분히 쉬자. 일주일 중에 하루는 통으로 쉬는 것도 괜찮지 않을까 한다.

한 선배의 말에 의하면, 1주일에 하루는 통으로 쉬었다고 한다. 그러니까 1주일 7일 중에 6일만 빡세게 공부하고 하루는 그냥 쉬었다는 것이다. 이것도 하나의 좋은 방법인 것 같다. 그 하루를 쉬어 주는 것으로 나머지 6일을 공부할 수 있게 하는 원동력이 되는 것이다. 또 그 하루를 위해 6일을 참게 해준다고 한다. 저자도 한번 따라해보려고 했는데, 도저히 쫄려서 하루를 통으로 쉴 수가 없었다. 그래서 1주일에 두 번 정도는 늦게 나오던지 일찍 들어가던지 하는 방식으로 하루를 맞추어 주었다. 보통 아침 9시[27])에 나와서 밤 12시에 들어갔는데 일주일에 하루 이틀 정도는 점심을 먹고 나온다던지 저녁 9~10시에 들어가는 방식으로 조절해가며 했었다.

방법이 어찌됐든 잘 쉬는 것은 잘 공부하는 것보다 더 중요한 것 같다. 변호사시험 보기 전에 탈이 나서도 안되지만, 3년은 길다면 긴 시간이다. 3년 동안 공부만 하면서 몸과 마음이 버티는 것은 쉽지 않은 것 같다. 몸을 잘 관리하자. 우리는 짧지 않은 기간동안 공부를 해야 하는 만큼 지속가능한 공부를 하는 것이 중요하다.

---

[27]) 3학년 때는 8시에 나오는 경우도 있었다.

PART 04
잡다한 이야기들

▶□◀▶□◀▶▶□◀
변 호 사 시 험 위 키

말 그대로 잡다한 이야기다. 로스쿨을 다니면서 저자가 들었던 잡다한 생각에 대해서 부록 같은 느낌으로 한번 써봤다. 아마 이 책을 읽는 여러분들도 학교 다니면서 한번정도는 생각이 들 만한 부분이거나 고민해볼 부분들일 것이다. 그런 생각이 들 때 이 부분을 한번 다시 봐주었으면 좋겠다. 또 마지막 부분에 의약품에 대한 간단한 소개를 했다. 필요할 때 참고하면 좋을 것이다.

제1장 로스쿨 생활에 대한 잡생각

_ 로스쿨 3년

 저자는 변호사시험을 준비하는 3년의 기간을 다음과 같이 표현하고 싶다. '지옥'. 물론 여기에 검찰이나 재판연구원을 준비하게 된다면 그건 '불지옥'일 것이다. 그만큼 힘든 기간이었다. 3년은 참 길다면 길고 짧다면 짧은 시간이다. 하루하루를 보면 길었지만 지나놓고 보면 참 짧은 시간이었던 것 같다. 좋았던 추억들도 있었지만 대개는 힘든 기억이 더 많았다.

 일단 책상에 앉아 있으면 오만가지 생각이 든다. '과연 변호사시험에 될까'부터 '지금 내가 뭐하고 있는거지'라는 생각도 든다. 사실 이런 잡생각이 드는 것이 더 힘들었던 것 같다. 단순히 공부만 가지고는 그렇게 힘들지는 않았던 것 같다. 평생 해온 공부이고, 그거 조금 더 한다고 해서 사실 크게 차이가 있지는 않기 때문이다. 오히려 공부 외에 환경들이 더 힘들게 할 수 있다.

 그럴 때마다 도움이 되는 것은 학교 사람들이다. 나와 같은 길을 가며 같은 불구덩이 속에서 고통을 받았던 사람들, 3년을 같이 했던 그 사람들에게 다시 한번 감사함을 전하고 싶다.

_ 이공계의 법학공부

알다시피 저자는 이공계 출신이다. 화학공학과에서 2학년을 마친 후 PEET(약학대학입문자격시험)을 통해 약학대학에 입학하였다. 즉 법학전문대학원에 입학하기 전까지 교양수업 몇 개를 제외하고는 철저히 이공계로만 살아왔다. 그러다 보니 처음 접하는 문과 공부에 참 힘들었던 기억이 있다.

일단 법학 공부를 처음 시작할 때 정말 머리가 아팠다. 평생 안 쓰던 머리를 써서 그런 것일까? 편두통은 아니고 정말 머리가 아팠다. 또한 어디부터 공부를 시작해야 할지도 모르겠었다. 이걸 외워야 하는 것일까, 아니면 이해를 해야 하는 것일까.

가장 큰 차이는 사고의 회로인 것 같다. 이공계 공부는 보통 결과가 있고 이게 왜 이런지를 연구하는 과정이다. 즉 대부분은 결과가 이미 나와있는 학문인 것이다.[1] 반면 법학은 결과를 찾아가는 학문이다. 철저히 이러저러해서 결과를 찾는 것이다. 물론 책을 보면 이미 결과가 나와있는 것 아니냐고 할 수 있지만, 그런 법리가 나오는 것은 결과를 도출하기 위해서 세우는 것이다. 즉 A이기에 B이고 C인 것이다.[2] 이걸 좀 그럴싸하게 표현하면, 이공계는 귀납

---

[1] 이공계 전부라고 말하기는 어렵겠지만, 적어도 약학에 있어서는 결론이 중요하다. 결국 결론을 알아야 임상에서 사용할 수 있는 지식이기 때문이다. 왜 그런지는 현상을 이해하기 위한 과정이기 때문이다.
[2] 좀 더 설명을 하자면, 법학은 단순히 결과만 알아서는 이해하기 힘들고 공부하기도 힘든 과목이라고 본다. 사례형에서도 결론 부분이 배점이 낮고 법리와 사안포섭 부분이 점수가 높은 것처럼 결국 결론에 이르기 위한 과정을 중요시

적 추론을 하는 반면 법학은 연역적 추론을 하는 것이다. 그러한 차이를 이해하고 나서는 공부가 다소 편해졌다.

판례를 공부하는 것도 이해는 잘 되지 않았다. 사람이 내린 결론인데 그걸 사람이 분석을 하는 것이 좀처럼 이해되지 않았다. 이공계야 자연현상을 이해하려는 학문이기 때문에 그런 것인데 법학의 경우 사람의 생각을 사람이 분석한다? 좀처럼 와닿지 않았다. 그러나 공부를 하다 보니 어제의 나를 오늘의 내가 분석하고 이해하려고 하는 내 모습을 보면서 점차 법학의 세계를 이해하게 될 수 있었다.

이처럼 비법학, 특히 이공계가 법학을 공부하는 것은 쉽지 않은 길이다. 처음에 법학에 대해 적응하는 것부터가 일인 것이다. 이 책을 보고 있는 이공계 출신 로스쿨 학생들에게 격려를 해주고 싶다.

_ **자신감과 자만심은 한 끗 차이**

학교에 처음 들어갔을 당시에는 당연히 나는 변호사시험에 한번에 붙을 것이라는 '근거 없는 자신감'에 차 있다. 당연한 말이지만, 누가 변호사시험에 안될 거라는 생각에 법학전문대학원에 들어오겠냐 말이다. 그런데 학년이 올라가고 3학년 6모쯤 볼 때가 되면 불안감이 점차 구체화된다. 반면 어느 정도 실력이 쌓인 사람들은

하는 학문이기 때문이라고 본다. 즉 법리를 체계적으로 이해하고 공부하는 것이 가장 법학을 '제대로' 공부하는 것이 아닐까 한다.

이때부터 자신감을 얻기 시작한다. 그렇다. 자신감과 자만심은 한 끗 차이이다. 사실을 기반으로 한 근거가 있냐 차이이다. 평상시 모의고사 성적이나 그런 것들을 종합할 때 '붙을 수 있겠다'는 생각이 드는 것이 자신감이고, 그냥 '막연히 될 것 같다'라고 생각하는 것이 자만심인 것 같다.

변호사시험에서 자만심은 불합격의 지름길이 아닐까 한다. 보통 일반적인 사람들은 있는 모든 노력을 다해야 붙을 수 있는데, 자만심에 빠지는 순간 공부를 안 하게 되는 것 같다. 그러한 실력이 아닌데도 '이 정도만 하면 되겠지?'라는 생각에 빠져 필요한 시간보다 적게 공부를 하게 된다.[3] 이건 자신감이 있는 상태에서 공부량을 조절하는 것과는 다르다. 따라서 자신이 실력이 있는지는 단순히 스스로 판단할 것이 아니라 모의고사 등을 통해 '객관적으로' 실력이 있는 것인지 확인을 해야 한다.

여담이지만, 3학년 한 10월쯤 되었을 때, 아침에 학교를 갈때는 자신감에 넘쳐서 학교에 가지만 집에 올 때쯤 되면 아는 게 하나도 없다는 생각이 들어 불안감에 빠졌다. 갈 때와 올 때가 다른 것이다. 참 사람 마음 간사하다.

_ 왜 자꾸 나는 까먹을까?

로스쿨 3년은 망각의 시간이다. 오늘 공부한 것을 내일 까먹는

---

[3] 물론 하루종일 자괴감에 빠져 있는 것도 문제다.

다. 개인적으론, 2학년 때부터 명사를 까먹기 시작했다. 갑자기 사람 이름이 기억이 나지 않는 다던지, 예전에 자주 가던 음식점 이름이 기억이 안 난다던지 등 명사들이 기억나지 않기 시작했다.

그런데 공부한 것도 계속 까먹는다는게 문제인 거다. 정말 기가 막히게 까먹는다. 아무래도 까먹는 것은 수험생의 숙명이 아닌가 한다. 어떤 선배는 '밑 빠진 독에 물을 붓는 것 같다'라는 말도 하였다. 다행인 것은 나만 까먹는 게 아니다. 최대한 물 붓는 속도를 빨리해서 변호사시험 그 순간에 물이 가장 많이 차 있기만 하면 된다. 까먹는 걸로 너무 스트레스받지 말자. 너도 나도 다 똑같은 것이다.

_ All or None

중학교 생물시간에 들어봤을 단어이다. 우리나라 말로 실무율(悉無律)이라고 한다. 흔히 '역치'와 관련해서 나오는 말이다. 단순히 비교는 어렵지만, 변호사시험 공부, 아니 공부 자체도 여기에 적용이 된다고 본다. 실력이 일정한 수준에 올라야 성적에 반영된다. 조금씩 오르는 것으로는 점수 오르는 것을 체감하지 못한다. 다음 단계에 오르기까지 위한 역치를 넘어야 한다는 것이다. 즉 다음 단계는 공부 조금 했다고 한 번에 오르는 것이 아니라 수많은 공부시간을 투자해야 다음 단계로 오를 수 있는 것이다.

한편 변호사시험은 합불을 가르는 시험이다. 변호사시험에 합격하던지(All) 아니면 불합격(None)에 이르게 된다. 어떻게 보면 변호사시험에 합격할 실력을 위해서는 그 수준의 공부가 필요한 것이다. 그 수준에 오를 때까지 열심히 공부하자. 합격한 자가 모든 걸 챙긴다는 것을 잊지 말자.

_ 소탐대실

 소탐대실. 작은 것을 탐하다 큰 것을 놓친다는 것이다. 누구든지 '나는 이러지 않겠지'라고 생각할 것이다. 그러나 소탐대실에 빠진 사람이 많은 것 같다. 특히 변호사시험과 관련하여 소탐대실들이 있다. 가장 대표적인 것으로는 시험 볼 때 눈앞의 안 풀리는 문제에 신경 쓰다가 뒤에 문제를 다 날리는 경우이다. 선택형이건 사례형이건 기록형이건 상관없이 다 그렇다. 그런데 정말 누구든지 따로 의식하고 있지 않는 이상 순간적으로 그 풀리지도 않는 문제에 집중하고 있다. 진짜 잠깐 사이에 10분 정도를 그 문제를 생각하고 있게 된다. 그래서 잽싸게 넘어가는 것도 따로 연습을 해줘야 한다.

 공부할 때도 소탐대실을 하는 경우가 있다. 중요한 것을 먼저 공부한 후 세세한 것으로 나아가야 하는데, 간혹 구석에 있는 별로 중요하지 않은 것에 '꽂혀서' 그것만 보고있는 경우가 있다. 구석까지는 아니더라도, 출제빈도와 가능성이 적은 부분을 먼저 보고 있는 경우도 있다. 가령 어음·수표법도 제대로 안 봤는데 보험법부터 보고 있는 경우가 있겠다.

 보통 본인은 소탐대실을 하고 있다는 것을 잘 인지하지 못한다.

알면 문제도 발생하지 않는다. 그래서 평상시에 다른 사람들과 이야기하거나 본인의 문제를 스스로 파악할 수 있을 정도로 실력을 빨리 올려야 하지 않을까 한다.

_ 스마트폰

 수험생의 가장 큰 적은 스마트폰이 아닐까 한다. 수험기간에는 벽만 쳐다봐도 재밌다는데4) 스마트폰을 쳐다볼 때는 얼마나 재밌겠냐 말이다. 그런데 그만큼 내가 공부할 수 있는 시간도 줄어드니 문제다. 그냥 깔끔하게 피쳐폰을 들고 다니는 것도 하나의 좋은 방법이라고 생각한다. 그렇게 하는 사람들도 종종 봤었다. 예전 학부 시절인데, 시간 알람이 되어있는 자물쇠를 사용해서 밤에 집에 갈 때쯤 꺼낼 수 있게 보관하는 사람도 봤었다.

 저자는 3학년부터는 아침에는 들고 와 저녁 먹을 때 집에 두고 다녔다. 당시에 점심과 저녁을 모두 집에서 먹었는데, 저녁을 먹고 학교에 돌아갈 때 집에 두고 가는 식이었다. 학교에 가져올 때도 가급적 눈에 안 보이는 곳에 보관하였다. 3학년일 때는 열람실이 아닌 강의실에서 공부할 때가 많았는데, 스마트폰을 그냥 열람실에 두고 다녔다. 여러분들 중에서도 스마트폰의 유혹을 이기기 어려운 사람들이 있을 것이다.

 저마다 적당한 방법을 찾아보자

---
4) 저자의 약대 동기가 시험기간에 실제로 한 말이다.

_ 심심함

정말 하루 종일 심심하다. 이루 말할 수 없는 심심함이 3년을 지배한다. 공부는 해야겠는데 법학책만큼 재미없는 것이 없다. 특히 2학년때까지는 취미생활을 같이 할 수 있겠지만, 3학년부터는 그러기도 쉽지 않다. 그만큼 지치기도 한다. 심심함을 풀어줄 친한 동기라도 없으면 정말 버티기 힘든 3년이다.

재미없는 것들 중에서도 특히 선택형 공부는 정말 재미없고, 이를 넘어서 짜증이 난다. 살면서 이거보다 재미없고 지겨운 것은 경험해 본적이 없다. 그런데 그걸 또 반복해야 한다. 3년 동안 가장 고통스러웠던 공부를 하나 꼽으라고 하면 선택형 공부를 들고 싶다. 풀어보는 것도 지겹고 정리하는 것도 지겹고 다시 보는것도 정말 지겹다.

그런데 결국 어쩔 수 없이 해야하는 것이다. 다른 재미를 찾았다간 시험이 어렵게 된다. 수험이라는 것이 재미있는 것을 Box out[5] 해야하는 과정이다. 그래서 별다른 도리가 없는 것 같다. 그냥 수험기간 동안 수행[6]의 기간이라 생각하고 스스로 버티는 수밖에 없는 것 같다.

---

5) 농구 용어인데, 상대팀이 리바운드를 잡지 못하도록 미리 자리잡는 것을 말한다.
6) 수행을 넘어서 고행의 기간이었다.

제2장 순공 8시간

 책 앞부분에서 변호사시험에 합격하기 위한 3가지 요건에 대해서 말한 적이 있다. 그중 세 번째 요건인 『공부시간』에 대해서 생각해 보자.

 사실 법학전문대학원에 입학할 때부터 순공이 8시간은 되어야 변호사시험에 합격한다는 말이 있었다. 공부를 열심히 하는 사람들 중에 실제로 자신이 하루에 순수하게 얼마나 공부를 하는지 시간을 재 가면서 하는 사람들도 있었다.

 분명 순공 8시간은 의미가 있는 수치인 것 같다. 8시간보다 안 하면 무조건 떨어지고 넘게 하면 무조건 붙는 것은 아닌데, 거의 하나의 기준이 되어 버렸다. 대부분의 수험생이 순공이 8시간을 목표로 공부한다. 한편 순공 8시간은 '이 시간을 채우면 난 변호사시험에 붙을 수 있을 만큼 공부를 하고 있다'는 것으로 스스로에게 안도감을 주는 역할도 하는 것 같다.

 그러나 순공보다 먼저 생각해야 할 것은 올바른 공부방법이라고 생각한다. 앞서 말한 대로 제2요건인 『공부방법』이 갖추어져야 『공부시간』이 의미가 있을 것이다. 즉 수험적합성이 높으면서도 자신에게 맞는 방법을 찾은 사람은 6시간을 해도 붙을 수 있고, 잘못된 방법을 찾은 사람은 10시간을 해도 안 될 것이다.

　개인적으로는 시간을 재면서 하는 스타일은 맞지 않았다. 기본적으로 공부를 시작하면 30~60분 정도는 집중이 되는 편이었고, 순간 집중력이 좋아서 그 시간만큼은 누가 와도 모를 정도였다. 또한 아침 9시 이전에 와서 밤 12시에 갔으며 중간에 잠깐잠깐 쉬는시간을 제외하고 10시간 정도는 공부시간을 확보하면 적어도 그중에 8시간 이상은 순수하게 공부할 수 있다는 자신감이 있었다. 사실 그냥 성향상 뭘 그렇게 재면서 하는 것이 잘 안 맞고, 계획도 대강대강 세우는 편이기에 그런 것 같다. 그냥 시간을 재면서 하는 것이 맞지 않는 사람도 있다는 것을 말하고 싶은 것이지, 안 좋다는 것이 절대로 아니다. 잘 맞는 사람은 정말 큰 도움을 받을 수 있을 것이다.

　즉 이 순공 8시간이라는 것은 순수 공부시간을 재면서 8시간을 해야한다는 개념보다는 통상적인 공부방법대로 공부를 하는 수험생이 적어도 하루에 순수하게 8시간은 공부를 해야 변호사시험에 합격할 수 있지 않을까 하는 기준에 해당한다고 본다. 그 시간을 확보했는지 확인을 하고 시간을 관리하기 위해서 순공시간을 재는 것이다.

　순공 8시간은 100% 딱 맞아 떨어지는 이론은 아닐 수 있다. 그러나 최소 '8시간'은 집중해서 공부해야 될 수 있다는 하나의 변호사시험 공부에 대한 기준을 제시하는 역할은 하고 있다고 생각한다. 그 8시간을 확보하기 위한 전쟁이 우리의 수험생활인 것이 아닐까 생각해 본다.

제3장 알아두면 쓸데있는 여러 가지 잡다한 약들

_ 약 먹을 시간입니다.

수험생들은 여기저기가 항상 어딘가 아프거나 불편하다. 따라서 이런 불편함을 해결하기 위해서 약을 챙겨 먹을 일이 많을 것이다. 알다시피 저자는 약사다. 그러다 보니 몇 가지 수험생들에게 필요한 약에 대한 정보를 주고자 한다. 잘 알아두면 언젠가는 분명히 도움이 될 것이다.

_ 몸을 위해 생각해 볼 수 있는 것들

1) 종합비타민

가장 만만한 것이 바로 종합비타민이다. 아마 웬만한 수험생들은 국산이든 수입산이든 저마다 한 개씩은 먹고 있을 것이다. 국내 제약사들이 생산하고 있는 각종 종합비타민들 중에서 무엇이 가장 좋다고 말할 수는 없다. 본인이 필요한 부분에서 조금씩 차이가 있을 수 있고, 그에 따른 종류도 다양하다. 가령 눈을 위한 것이라면 비타민A가 좀더 들은 것을 챙길 수 있고, 피곤하거나 감기가 자주 걸리는 사람이라면 비타민C나 아연(Zn)이 좀 더 들은 것을 챙길 수 있는 식으로 말이다.

다만 그냥 피곤해서 하나쯤 먹어볼까 생각하는 경우에는 본인에게 가장 맞는 것을 선택하는 것이 좋다. 대부분의 종합비타민은 제약회사별로 큰 차이는 없다고 본다. 그런데 같은 회사 것이라도 사람마다 효력이 조금씩 다르게 나타나는 경우를 많이 보아왔다. 성분은 크게 차이 없는데 효과에서는 차이가 있어 보였다. 따라서 시간적 여유가 있는 수험생들은 몇 가지 종류별로 먹어보며 본인에게 잘 맞는 종합비타민을 찾는 것도 괜찮아 보인다.

그중 비타민B1이 피로회복과 관련하여 가장 중요한 것인데, 요즘은 다른 성분보다도 그냥 비타민B1이냐 활성비타민B1이냐로 구분하기도 하고, 또는 함량에 따라 B1이 50mg 들었냐, 100mg 들었냐로 따지는 경우도 있다. 일반적으로는 활성비타민B1이 효과가 더 좋고 혈중농도도 더 오래 유지된다고 하며, 그래서인지 활성비타민B1 100mg가 많이 추천되고, 사람들이 많이 찾기도 한다. 물론 100mg 가 좀 더 효과는 좋겠지만, 50mg를 먹어도 괜찮다고 본다. 챙겨 먹는게 중요하기 때문이다.

이런 종합비타민들은 간혹 위장장애가 있을 수 있다. 보통 비타민C나 아연 등의 무기물이 들어있는 경우 그렇다. 또한 활성비타민의 경우 그러할 가능성이 조금 더 있다고는 한다. 그러나 일반적으로 많은 편은 아니며, 식사 후 바로 먹는다면 별문제는 없는 편이다. 그래서 보통 식사 후 바로 먹으라고 말해준다. 커피도 위장자극이 있는 편이므로, 커피와 좀 간격을 두는 것이 좋을 것이다.

2) 비타민D

비타민D는 단순히 뼈에만 영향을 미치는 것이 아니고 면역력 등에도 도움이 된다고 한다. 그래서 요즘에는 찾는 사람들이 많아졌다. 비타민D는 일반적으로 햇빛을 통해 신체에서 생산되기는 하지만, 대부분의 생활을 학교나 실내에서 보내고 있는 수험생들에게는 부족할 수밖에 없다. 비타민D는 지용성이기 때문에 식사 후 바로 먹는 게 좋다. 비타민D는 용량이 다양한데, 일반적으로는 1000IU면 충분할 듯하다. 물론 2000IU이나, 상황에 따라서 그 이상도 필요할 수 있다.

3) 비타민A(눈)

수험생들은 눈을 많이 쓰기 때문에 눈이 쉽게 피로하고 불편해진다. 이런 경우 눈을 위해 지용성 비타민인 비타민A을 생각해 볼 수 있다. 비타민A만 들어있는 것들이 있는데, 괜찮다, 그런데 비타민A의 경우 다른 종합비타민과 같이 들어있는 경우도 있어서 용량을 신경써야 한다. 임산부의 경우 비타민A의 허용용량을 지켜줘야 하기 때문이다. 한편 수험생이 30대 후반 이상일 경우에는 루테인도 챙기는 게 좋다. 나이가 먹으면서 점차 눈이 안 좋아지는데, 여기에 수험생들은 눈을 계속 쓰기 때문에 지속된 눈의 피로는 눈의 황반색소밀도[7]에 영향이 있을 수도 있기 때문이다.

오메가3도 눈에 도움을 준다. 오메가3는 일반적으로는 혈액순환

---

[7] 노화와 관계있다. 원래는 나이가 들면서 황반색소밀도가 줄어드는 것이다.

개선 쪽에 쓰이는데, 눈의 피로·건조에도 도움이 된다고 한다. 그래서 오메가3와 루테인이 같이 들어있는 약들도 있다.

4) 밀크시슬

간영양제이다. 이거 말고도 다른 간영양제가 있지만 이게 가장 보편적이다. 간은 몸이 피로한 경우 영향을 받을 수 있다. 일반적으로는 술을 많이 먹어 피곤해하는 사람이나 간수치가 있는 사람들이 먹는 경우가 많은데, 간의 영향으로 크게 피로한 경우에도 생각해 볼 수 있는 약이라서 만성피로에 시달리는 수험생이라면 한번 생각해 볼 수 있다. 특히 술을 자주 먹는 수험생이라면 더 그렇다. 약이 지용성이고, 드물지만 속이 좀 안 좋을 수 있어서 밥 먹고 바로 먹는 게 좋다.

5) 유산균

수험생들은 온갖 스트레스로 장의 활동에 영향을 많이 받게 되고, 특히 3학년 때가 되면 정말 심해지는데 이를 해소하는데 있어 유산균이 좋다. 저자가 2학년일 때 유산균을 물어보는 3학년 선배들이 많았다. 3학년을 경험해보니 왜 찾는지 알겠더라. 유산균은 장내 세균총을 정상화하는데 많이 쓰이고 건강한 장 상태를 위해서도 많이 사용된다. 개인적으로 유산균은 가격이 있을수록 돈값을 한다고 본다. 그러나 우리는 단순 스트레스성으로 인한 문제일 가능성이 높기 때문에 너무 가격에 구애받지 않아도 될 것 같다. 기본적으로 유산균은 공복(식전 1시간전 또는 식후 2시간 후)일 때 먹는 게 좋다.

_ 알아두고 필요할 때 찾아먹자

1) 반하사심탕

수험생들, 특히 3학년인 경우에 신경성 위염은 거의 수험기간 내내 따라붙는다. 수험기간 내내 받는 스트레스 및 매일같이 먹는 커피(카페인)이 문제다. 이럴 경우에는 반하사심탕을 고려해 볼 수 있다. 보통 신경성 위염이 있을 때 많이 주는데, 술 먹고 다음날 속이 쓰린 경우에도 많이 준다. 일반적으로 약국에서 취급하는 반하사심탕은 알약으로 된 것과 포로 된 것이 있는데, 가격적으로는 알약으로 된 것이 저렴하고, 효과는 포로 된 것이 좀 더 좋다. 일반적으로는 필요할 때 복용하고, 하루에 3번까지 먹을 수 있다. 공복에 먹는 것이 좋다.

2) 트리메부틴(Trimebutine)

위장운동촉진제이다. 수험생들은 오랜시간 의자에 앉아 있기도 하고, 신체활동이라고는 숨쉬기운동밖에 안 하니 위장운동이 약해지는 경우가 많다. 이럴 때 생각해 볼 수 있는 것이 트리메부틴이 있다. 효능부터가 장운동을 좋게 해주는 것인데, 일반적으로 속이 뭔가 불편하다 하면 병원에서 거의 항상 처방나오는 것들 중 하나이다. 일반의약품도 있다. 반하사심탕과 마찬가지로 필요할 때 복용하고, 하루에 3번까지 먹으며, 보통 공복에 먹는 게 좋다.

3) 아연 및 마그네슘

아연(Zn)은 일반적으로 면역력에 도움이 될 수 있고, 마그네슘(Mg)는 근육의 미세한 떨림에 도움이 될 수 있는 의약품들이다. 약국에서도 쉽게 찾아볼 수 있는 의약품들이고 수험생들에게도 필요한 경우가 있다. 그런데 위 의약품들은 위장장애 및 장의 운동(특히 설사 등)이나 다른 영양소의 흡수에 영향을 미칠 수 있으므로 주의해야 한다.

마그네슘에 대하여 잘못된 상식이 있는데 눈떨림의 대부분 원인이 마그네슘 부복이라는 것이다. 물론 마그네슘부족으로 인한 눈떨림도 있겠지만 그냥 영양소부족으로 인한 원인이 더 많다. 밥을 잘 안먹거나 운동을 많이 해서 체내에 당이 부족하면 그렇게 되는 경우가 있다. 따라서 눈이 떨린다고 무조건 마그네슘을 찾지는 말자. 괜히 속만 불편해질 수 있다.

4) 쌍화탕

쌍화탕은 우리가 흔히 알고 있는 약이다. 일반적으로 편의점 등에서 쉽게 구할 수 있는 것은 일반의약품이 아니라 쌍화차이다. 약국에 가면 일반의약품으로 된 '쌍화탕'이 따로 있다. 여기서 말하는 쌍화탕은 바로 이 일반의약품 쌍화탕이다. 일반적으로 감기에 걸렸을 때 먹는 것으로 알고 있는데, 사실 감기약은 아니다. 기본적으로는 몸이 허할 때 먹는 약이다. 약국가서 '일반의약품' 쌍화탕을 달라고 하면 된다.

사실 우리가 알고 있는 것보다는 효과가 좋다. '쌍화차'가 워낙 흔하기 때문에 별거 아닌거 같지만, '쌍화탕'은 옛날에 왕도 먹던 것이었다. 하루에 세 번까지 먹을 수 있는데, 그렇게까지 먹을 필요는 없고 필요할 때 한 두번씩 먹으면 좋다. 공부를 하다가 '오늘은 정말 힘들다'라고 느낄 때 챙겨 먹으면 좋다. 중요한 것은 반드시 데워서 먹는 것이다. 또한 공복에 먹는 것이 효과가 좋다.

그런데 쌍화탕에는 감초가 들어 있다. 감초는 천연 스테로이드 역할을 하기 때문에 너무 많이 먹거나 장기적으로 먹는다면 문제가 될 수 있다. 또한 성분 중 하나인 작약 때문에 정말 안 맞는 사람의 경우에는 변에 문제가 생길 가능성도 있다. 이런 점만 주의하면 우리의 수험생활에 정말 도움이 될 수 있는 약이다.

_ 이 약 들은 주의하자

1) 수면제 또는 신경안정제[8]

수험생활의 스트레스는 사람을 힘들게 한다. 그러다 보니 신경쇠약 및 불면에 고통받는 수험생 역시 많다. 이런 경우 병원에서 수면제 또는 신경안정제을 처방받을 수 있는데, 이들은 향정신성의약품으로 마약류로 분류되는 의약품들이다. 즉 신체적으로 여러 가지 부작용 및 의존성 등이 문제 될 수 있다. 주로 졸피뎀[9]이나 ~팜, ~람으로 끝나는 약들이다.

---

[8] 일반의약품 말고 전문의약품(향정신성의약품)으로 나오는 것을 말한다.
[9] 대표적인 수면제이다.

그런데 이들에게는 여러 가지 부작용들이 있지만, 그중 우리에게 가장 큰 영향을 미치는 부작용으로는 드물지만 단기기억상실이 있다. 빈도가 낮은 부작용이지만 수험생으로서는 치명적인 부작용이 될 수 있기에 가급적 피하는 것이 좋고, 먹어야 한다면 반드시 의사와 충분히 상담을 하고 처방받는 것이 좋다.

2) 근이완제[10]

사례형 및 기록형은 짧은 시간 동안 많은 분량의 글을 작성할 것을 요구한다. 그러다 보니 종종 손목이나 팔꿈치가 아프다는 사람들을 볼 수 있다. 이런 경우에 근이완제를 생각할 수 있는데, 그중에서도 에페리손(Eperisone)이 일반적이라고 할 수 있다. 그런데 에페리손의 부작용 중 하나가 졸림·무력감·집중력 저하이다. 이 부작용들은 공부기간 또는 시험기간 중에서는 피해야 할 부작용이기에 이 기간에는 주의하자.

_ 알아보고 먹을 약들

1) 진통제

가장 유명한 진통제라면 『타이레놀(아세트아미노펜, Acetamiophen 500mg 또는 650mg)』또는 『이지엔6 애니』(이부프로펜, Ibuprofen 200mg) 등이 있다. 이들은 보통 두통약으로 쓰이면서 해열기능도 있는데, 특히 타이레놀은 술과 반드시 피해야 하는 의약품들이다.

---

10) 실제로 예전 시험 볼 때 복용한 적이 있다는 사람도 보았다.

간독성이 굉장히 심하다. 술 말고도 용량에 영향을 받는데, 하루 허용용량이 4000mg이다. 아세트아미노펜11)의 경우 500mg짜리는 한 번에 한알에서 두알정도 먹는데 효력이 빨리 나타난다. 반면 650mg짜리는 서방정이라고 해서 효과는 조금 늦게 나타나지만 8시간 정도 효과가 유지된다. 역시 한 번에 한 두알을 먹는다. 일반의약품을 구매하는 경우에는 상황에 따라 맞게 사는 것이 중요하다.

한편 이부프로펜(200mg)의 경우 위장장애가 거의 없는 편이지만 간혹 위장장애가 있다는 사람도 본 적이 있는데, 평소 술을 자주 먹거나 위장장애가 심한 수험생들은 주의하는 것이 좋다. 200mg짜리는 보통 한번에 한 두알 정도 먹는다. 참고로 이지엔6 프로(덱시부프로펜, Dexibuprofen 300mg)도 있는데, 이건 이부프로펜보다 좀 더 효과가 크다. 그러다 보니 한 번에 한알 먹고 하루 용량도 1200mg이다. 이부프로펜과 용량을 헷갈리지 말고 먹어야 한다. 잘못 먹으면 허용용량을 초과하게 된다.

2) 코감기약(또는 피부과약)

병원에서 처방되는 의약품이나 약국에서 쉽게 구할 수 있는 콧물약에는 슈도에페드린(Pseudoepedrine)12)이 있다. 이 슈도에페드린은 복용한 후 정신이 멍한 경우나 불면의 부작용이 간혹 있다. 일본에서 유명하다는 콧물약을 간혹 먹는 사람들이 있는데, 일본 약은 한국보다 1회 용량이 큰 경우가 있다. 따라서 위와 같은 부작용

---

11) 아이들용으로 나오는 것이 아닌 성인용을 말하는 것이다.
12) 이것만 들어있는 일반의약품은 없다. 단일제제는 전문의약품이다.

이 좀 더 빈번할 수 있다. 주의하자.

또한 항히스타민(Anti-Histamine)이라고 콧물이나 피부의 가려움 등에 쓰이는 약이 있다. 이 약은 보통 부작용이 졸린 것이다.[13] 1세대, 2세대, 3세대 등으로 구분하는데, 1세대가 효과는 가장 크면서도 졸린 부작용이 가장 크고 세대가 높아질수록 효과는 조금 줄어들지만 졸린 것도 상대적으로 줄어든다. 그래서 우리가 병원이나 약국에 가서 '덜 졸린 것'을 달라고 하는 것이다. 세대가 높은 것이라고 하더라도 먹고 졸린 사람은 졸리다. 따라서 특히 시험기간에는 피할 수 있으면 피하는 것이 좋을 것이다.

봄철 등에 꽃가루알러지가 심한 경우에 먹는 약도 바로 이 항히스타민이다. 종류에 따라 효과와 부작용 정도도 다르므로 잘 알아보고 먹어야 한다. 잘 모르겠으면 병원이나 약국에 꼭 알아보고 먹자.

_ **상담하고 먹자**

"모든 약은 독이다"라는 파라켈수스(Paracelsus)의 말이 있다. 이처럼 모든 약은 부작용이 존재하며, 적절한 용량 및 용법에 따라 몸을 이롭게 할 수도 있고, 해롭게 할 수도 있다. 가급적이면 전문가(의사나 약사)와 상담 후 활용하자.

---

[13] 디펜히드라민(Diphenhydramine)의 경우 수면유도제로도 쓰인다!

에필로그
변호사시험위키

   제가 변호사시험을 보고 나서 며칠 뒤였습니다. 동아대 법학전문대학원에서 학교 학회지 DALS를 내려고 하는데 저보고 글을 써달라고 부탁을 해 왔습니다. 저는 법학을 전혀 모르고 공부를 시작하는 후배들을 위해서 제가 지금까지 생각하고 고민해 온 공부방법에 대해서 나름 정리를 해서 7편의 글을 정리하게 되었습니다. 그때 쓴 글들이 이 책의 기본이 되었습니다.

   저는 동아대 법학전문대학원을 정말 말 그대로 문 닫고 들어갔습니다. 저의 뒤에는 아무도 없었습니다. 당연히 입학식도 참여 못했습니다. 학기 시작 전날까지 약국에서 일했었습니다. 그러다 보니 누구나 하는 선행학습 그런거 하나도 못하고 바로 3월달에 법학을 시작하게 되었습니다. 정말 말 그대로 맨땅에 헤딩하는 기분으로 공부를 시작했습니다. 동기들과 말하다 보면 저마다 무슨 책이 좋고 어떤 강의가 좋고 이야기를 하는데 저는 아는 게 없어서 정말 할 말이 없더라구요. 그래서 생각했습니다. '정말 열심히 해서 언젠가는 따라잡자'고 말이죠. 그러나 정작 그렇게 열심히 하지는 못했습니다. 몸도 안 따라주고 공부 말고도 신경 쓸 일이 너무 많았기 때문이었습니다. 대신에 어떻게 공부하면 합격할 수 있을까?는 정말 많이 고민했습니다. 어느날은 공부보다 이런 고민을 더 많이 한 날도 있었습니다.

그런 고민을 하던 중 치과의사 출신의 한 선배님을 알게 되었습니다. 그 선배님은 제가 학교생활에 대한 부분이나 공부방법, 책 선택 등에 대한 궁금점이 있을 때마다 많은 도움을 주셨는데, 특히 각 과목에 대한 공부를 어떻게 할지에 대한 조언을 정말 많이 해주셨습니다. 덕분에 이공계 출신이었던 제가 그래도 나름 학교생활에 연착륙을 할 수 있었습니다. 그래서 "나도 누군가에게 수험생활에 있어 도움이 되었으면 좋겠다"라는 생각이 들었고, 그 생각의 연장선에서 이 책을 쓰기 시작했습니다.

무엇보다도 사실상 2018년에 입학하였던 모든 법학전문대학원 입학생 중 거의 꼴찌 수준으로 입학한 저도 적절한 방법만 찾으면 변호사시험을 한번에 합격할 수 있다는 것을 보여주면서도 그 방법도 소개하고 싶었습니다. 조금이라도 변호사시험을 준비하는 여러분께 도움이 되었으면 좋겠습니다.

한편 제가 지금까지 가장 인상 깊게 읽은 책으로 고승덕 변호사의 『포기하지 않으면 불가능은 없다』와 박철범 변호사의 『하루라도 공부만 할 수 있다면』이 있습니다. 이 책들을 읽을 때는 변호사에 대한 꿈이 전혀 없던 시절이었는데, 어떻게 돌고 돌아 그들과 같은 길을 걷게 된 것도 운명이지 않을까 합니다. 그러다 보니 두 책들의 내용이 알게 모르게 이 책에 드러난 부분도 있습니다. 두 변호사님께 이 자리를 빌어 감사드립니다.

책을 마무리짓고 나니 참 책은 쓰기 어렵더라구요. 하는 일이 딱딱하다 보니 책을 쓸 때도 글이 노잼으로 써진다는 생각이 들었습니다. 나름 먼저 경험한 사람이 말로써 이야기해주는 것처럼 쓰고 싶었는데 아무래도 부족함이 느껴집니다. 여기까지 읽느라 고생 많이 하셨습니다. 그리고 감사합니다. 이 책을 읽는 모두가 변호사시험에 합격하셔서 필드에서 만났으면 좋겠습니다.

지은이 **박만호**

[약 력]
한양대학교 화학공학과(2년 수료)
중앙대학교 약학대학
동아대학교 법학전문대학원
약사(68회), 변호사(변시10회)
현) 공군 법무관

변호사시험위키

발 행 일 : 2023년 03월 14일
저　　자 : 박 만 호
발 행 인 : 이 인 규
발 행 처 : 도서출판 (주)학연
주　　소 : 서울시 관악구 호암로 602, 7층
전　　화 : 02-887-4203　팩　스 : 02-6008-1800
출판등록 : 2012.02.06. 제2012-13호
www.baracademy.co.kr / e-mail : baracademy@naver.com

정가 : 15,000원　　ISBN : 979-11-5824-872-7(13360)

저자와 협의하여 인지를 생략함

* 파본은 구입하신 서점에서 바꿔드립니다
* 본 서는 저작권법에 의하여 보호를 받는 저작물이므로 무단 전재와 복제를 금합니다.